EDUCAÇÃO E COMPLEXIDADE:
os sete saberes e outros ensaios

EDITORA AFILIADA

Dados Internacionais de Catalogação na Publicação (CIP)
(Câmara Brasileira do Livro, SP, Brasil)

Morin, Edgar, 1921- .
 Educação e complexidade : os sete saberes e outros ensaios / Edgar Morin ; Maria da Conceição de Almeida, Edgard de Assis Carvalho, (orgs.) ; tradução de Edgard de Assis Carvalho. – 6. ed. -- São Paulo : Cortez, 2013.

ISBN 978-85-249-2018-9

1. Complexidade (Filosofia) 2. Educação - Aspectos sociais 3. Educação - Filosofia 4. Morin, Edgar, 1921- - Crítica e interpretação 5. Sociologia do conhecimento I. Almeida, Maria da Conceição de. II. Carvalho, Edgard de Assis. III. Título.

13-02269   CDD-370.1

Índices para catálogo sistemático:
 1. Educação : Filosofia   370.1

EDGAR MORIN

Maria da Conceição de Almeida
Edgard de Assis Carvalho
(Orgs.)

EDUCAÇÃO E COMPLEXIDADE:

os sete saberes e outros ensaios

Tradução de
Edgard de Assis Carvalho

6ª edição
3ª reimpressão

EDUCAÇÃO E COMPLEXIDADE: os sete saberes e outros ensaios
Edgar Morin

Capa: DAC
Preparação de originais: Maria Vianna
Revisão: Marta Almeida de Sá
Composição: Linea Editora Ltda.
Coordenação editorial: Danilo A. Q. Morales

Nenhuma parte desta obra pode ser reproduzida ou duplicada sem autorização expressa do autor e do editor.

© Éditions Pleins Feux, 2000

Direitos para esta edição
CORTEZ EDITORA
Rua Monte Alegre, 1074 – Perdizes
05014-001 – São Paulo – SP
Tel.: (11) 3864-0111   Fax: (11) 3864-4290
e-mail: cortez@cortezeditora.com.br
www.cortezeditora.com.br

Impresso no Brasil – dezembro de 2021

SUMÁRIO

Nota prévia da 2ª edição 7

Prefácio 9

1. Sobre a Reforma Universitária 13
    A dupla missão 15
    Os desafios do século XX 17
    A reforma do pensamento 20
    Os caminhos da reforma 23
    A missão 27

2. A articulação dos saberes 29
    Articular as disciplinas 39
    A antiga e a nova transdisciplinaridade 53
    Por uma reforma do pensamento 59

A ruptura cultural 61
O desafio da complexidade 62
Os três princípios da reaprendizagem pela religação 67
A reforma do pensamento é paradigmática 69
A aprendizagem da religação...................................... 70
A aprendizagem da complexidade............................... 72
A aprendizagem do amor 73
A democracia cognitiva e a reforma do pensamento 74

3. A propósito dos sete saberes................................ 81
   1. O conhecimento 84
   2. O conhecimento pertinente 89
   3. A condição humana.. 92
   4. A compreensão humana....................................... 97
   5. A incerteza... 100
   6. A era planetária.. 104
   7. A antropoética.. 107

NOTA PRÉVIA DA 2ª EDIÇÃO

A tradução anterior foi inteiramente revista e deixa mais explícitas algumas das ideias nucleares de Edgar Morin.

Acreditamos firmemente que a reforma das condições da educação permanece em aberto nesses primeiros anos do terceiro milênio. Com certeza, a sociedade do conhecimento exigirá intelectuais polivalentes, transdisciplinares, afinados com a regeneração do humano e com a religação definitiva da cultura científica e a cultura das humanidades.

Maria da Conceição Xavier de Almeida
Edgard de Assis Carvalho
Setembro de 2004

PREFÁCIO

As ideias de Edgar Morin são marcadas por uma recursividade exemplar. Basta ter acesso ao conjunto de sua obra para observar como expressões, argumentos e reflexões que aparecem de forma sintética em alguns de seus livros reaparecem em outros de modo renovado, instigante e provocador. Essa característica que expressa o pensamento aberto e complexo de um dos mais expressivos pensadores do nosso tempo permite compreender também como o intelectual pode articular o uno e o múltiplo, a diversidade e a unidade.

É dessa perspectiva que sua obra contempla os múltiplos aspectos de uma ética da formação do cidadão planetário que sempre supõe a autoformação, o inacabamento, a compreensão, a consciência de pertencimento à Terra-Pátria. No que tange à educação, livros como *Os sete saberes necessários à educação do futuro*, *A cabeça bem-feita*, *A religação dos saberes* expressam superlativamente a ideia de que qualquer reforma de educação deverá, antes de mais nada, começar pela reforma dos educadores.

Este livro emerge como fruto de uma história recente. Em junho de 1999, Edgar Morin visita pela segunda vez a cidade de Natal, para receber o título de doutor *honoris causa* que lhe é concedido pela Universidade Federal do Rio Grande do Norte. Nessa ocasião é lançado pela EDUFRN *Complexidade e Transdisciplinaridade: a reforma da universidade e do ensino fundamental*, um pequeno livro que teve suas duas edições rapidamente esgotadas.

Complexidade e Transdisciplinaridade continha duas partes: *Sobre a reforma universitária*, texto originalmente publicado na *Revista Trabajo Social da Escuela Nacional de Trabajo Social*, em 1997, UNAM, México; e A articulação dos saberes, pronunciamento de E. Morin em entrevista coletiva no dia 8 de janeiro de 1998, por ocasião da instalação do Conselho Científico que elaborou a consulta sobre "Que saberes ensinar nas escolas", iniciativa do então ministro da Educação Nacional da França, Claude Allègre. Se fosse possível sintetizar o conteúdo e o objetivo dos dois ensaios, poder-se-ia afirmar que ambos se situam no registro do pensamento complexo que investe contra a fragmentação do conhecimento e a disciplinarização excessiva de currículos, departamentos, universidades e dos próprios professores.

Por deferência especial da UFRN, os direitos de edição foram repassados à Cortez Editora. De posse do material, que foi inteiramente retraduzido e revisado, decidiu-se agregar uma terceira parte, *A propósito dos sete saberes*, conferência organizada pela Societé Angevine de Philosophie em 10 de fevereiro de 2000, publicada pela Éditions Pleins Feux no mesmo ano. A edição original continha uma excelente e didática apresentação de Edgar Morin feita por Lucien Guirlinger, presidente da Sociedade, que não consta deste livro. *Educação e Complexidade: os sete saberes e outros ensaios* reúne, portanto, três ensaios escritos em tempos diferentes; os dois primeiros, marcados pela esperança e pela utopia de uma reforma cognitiva saturada de rupturas, reaprendizagens, reformas, transdisciplinaridades. O último é posterior à experiência da reforma que acabou sendo abortada pela insensibilidade dos governantes e pela intransigência dos educadores. Nele, Edgar Morin elenca de modo mais contundente o que considera ser os buracos negros do conhecimento, sete problemas, sete desafios a serem incluídos em todos os programas de ensino, do primeiro ao terceiro graus e a outros que, porventura, venham a ser inventados. Não se trata de uma reflexão centrada apenas na França, mas comum a todos nós que ainda acreditamos na possibilidade de uma revolução do pensamento.

Como tudo que é marcado pela complexidade e pela incerteza, esses três ensaios permitirão ao leitor abrir-se a outras reformas identificadas por ele como urgentes na sua lida cotidiana como educador, dentro da sala de aula e fora dela. Esperamos que as ideias, argumentos, provocações e sugestões aqui esboçados possam encorajar professores e alunos brasileiros a fazerem uso da criatividade, essa aptidão fundamental do *sapiens-demens* sem a qual nenhuma educação, nenhuma antropoética, nenhuma autoformação é possível.

Maria da Conceição Xavier de Almeida,
coordenadora do GRECOM, Grupo de
Estudos da Complexidade, UFRN

Edgard de Assis Carvalho,
coordenador do COMPLEXUS, PUC-SP

Agosto de 2002

1

Sobre a Reforma Universitária

A dupla missão

A Universidade conserva, memoriza, integra e ritualiza uma herança cultural de saberes, ideias e valores, porque ela se incumbe de reexaminá-la, atualizá-la e transmiti-la, o que acaba por ter um efeito regenerador. A Universidade gera saberes, ideias e valores que, posteriormente, farão parte dessa mesma herança. Por isso, ela é simultaneamente conservadora, regeneradora e geradora.

A Universidade tem uma missão e uma função transecular que vão do passado ao futuro por intermédio do presente; tem uma missão transnacional que conserva, porque dispõe de uma autonomia que a permite efetuar esta missão, apesar do fechamento nacionalista das nações modernas.

Segundo os dois sentidos do termo conservação, o caráter conservador da Universidade pode ser essencial, assim como estéril. A conservação é de importância capital se significa salvaguarda e preservação. Só se pode preparar um futuro quando se salva um passado, mesmo que estejamos num século em que forças de desintegração múltiplas e potentes encontram-se em andamento. A conservação é estéril, se dogmática, fixa e rígida. No século dezessete, a Sorbonne, por exemplo, condenava todos os avanços científicos de seu tempo e, até o século seguinte, a Ciência moderna se formou em grande parte fora das Universidades.

A Universidade soube responder ao desafio do desenvolvimento das ciências, operando uma grande mutação no século XIX, a partir da reforma de 1809, efetuada por Humboldt em Berlim. Ao instituir sua liberdade interior frente à religião e ao poder, tornou-se laica e abriu-se à grande problematização oriunda do Renascimento, que questionou o mundo, a natureza, a vida, o homem e a Deus. Transformou-se no lugar da problematização própria à cultura europeia moderna; ao se abrir as culturas extraeuropeias, inscreveu-se mais profundamente em sua missão transecular e transnacional.

A reforma introduziu as ciências modernas nos departamentos que havia criado. Desde então, a Universidade faz coexistir, e desafortunadamente só coexistir e não comunicar, a cultura das humanidades e a cultura científica.

Ao criar os Departamentos, Humboldt havia percebido muito bem o caráter transecular das ciências. Para ele, a Universidade não podia ter como vocação direta uma formação profissional que seria própria das escolas técnicas, mas uma vocação indireta responsável pela formação de uma atitude de investigação. Daí decorre a dupla função paradoxal da Universidade: adaptar-se à modernidade e integrá-la, responder às necessidades fundamentais de formação, proporcionar ensino para as nossas profissões técnicas e outras, oferecer um ensino metaprofissional e metatécnico.

Deve a Universidade adaptar-se à sociedade ou a sociedade a ela? Há complementaridade e antagonismo entre as duas missões, ou seja, adaptar-se à sociedade, ou adaptar-se a si própria. Não se trata apenas de modernizar a cultura, mas de culturalizar a modernidade.

A missão transecular faz com que a Universidade conclame a sociedade a adotar sua mensagem e suas normas: ela introduz na sociedade uma cultura que não é feita para sustentar as formas tradicionais ou efêmeras do aqui e agora, mas que está pronta para ajudar os cidadãos a rever seu destino *hic et nunc*. A Universidade defende, ilustra e promove no mundo social e político valores intrínsecos à cultura universitária, tais como a autonomia da consciência e a problematização, cujas consequências expressam-se no fato de que a investigação deve manter-se aberta e plural, que a verdade tenha sempre primazia sobre a utilidade, que a ética do conhecimento seja mantida. Por essa razão, na frente da Universidade de Heidelberg encontra-se afixada a seguinte inscrição: "Ao espírito vivo".

Os desafios do século XX

O século XX lançou vários desafios e essa dupla missão. Sem sombra de dúvida, há uma forte pressão sobreadaptativa que pretende adequar o ensino e a pesquisa às demandas econômicas, técnicas e administrativas do momento, aos últimos métodos, às últimas imposições do mercado, assim como reduzir o ensino geral e marginalizar a cultura humanista. Na vida e na história, a sobreadaptação a condições dadas nunca representou um signo de vitalidade, mas um prenúncio de senilidade e morte, que se efetiva pela perda da substância inventiva e criativa.

Mais radicalmente, os próprios desenvolvimentos do século XX e da nossa era planetária fizeram com que nos defrontássemos cada vez mais amiúde e, de modo inelutável, com os desafios da complexidade. Nossa formação escolar e, mais ainda, a universitária nos ensina a separar os objetos de seu contexto, as disciplinas umas das outras para não ter que relacioná-las. Essa separação e fragmentação das disciplinas é incapaz de captar "o que está tecido em conjunto", isto é, o complexo, segundo o sentido original do termo.

A tradição do pensamento que forma o ideário das escolas elementares ordena que se reduza o complexo ao simples, que se separe o que está ligado, que se unifique o que é múltiplo, que se elimine tudo aquilo que traz desordens ou contradições para nosso entendimento. O pensamento que fragmenta e isola permite a especialistas e *experts* terem grandes desempenhos em seus compartimentos e, assim, cooperar eficazmente nos setores não complexos do conhecimento, especialmente aqueles concernentes ao funcionamento das máquinas artificiais. A lógica a que obedecem projeta sobre a sociedade e as relações humanas as restrições e os mecanismos inumanos da máquina artificial com sua visão determinista, mecanicista, quantitativa, formalista, que ignora, oculta e dissolve tudo o que é subjetivo, afetivo, livre e criador.

Além disso, os espíritos parcelados tornam-se cegos às inter-retroações e à causalidade em circuito; consideram, comumente, os fenômenos vivos e sociais a partir de uma causalidade linear e de uma concepção mecanicista/determinista que vale unicamente para as máquinas artificiais.

A inteligência que só sabe separar reduz o caráter complexo do mundo a fragmentos desunidos, fraciona os problemas e unidimensionaliza o multidimensional. É uma inteligência cada vez mais míope, daltônica e vesga; termina a maior parte das vezes por ser cega, porque destrói todas as possibilidades de compreensão e reflexão, eliminando na raiz as possibilidades de um juízo crítico e também as oportunidades de um juízo corretivo ou de uma visão a longo prazo.

A maneira de pensar que utilizamos para encontrar soluções para os problemas mais graves de nossa era planetária constitui um dos mais graves problemas que devemos enfrentar. Quanto mais multidimensionais se tornam os problemas, maior a incapacidade para pensá-los em sua multidimensionalidade; quanto mais progride a crise, mais progride a incapacidade para pensá-la; quanto mais globais se tornam os problemas, mais impensáveis se tornam. A inteligência cega se torna, assim, inconsciente e irresponsável, incapaz de encarar o contexto e complexo planetários.

Além disso, efetivou-se a separação entre a cultura humanista que nutria a inteligência geral e a cultura científica que, por vezes de modo hermético, encontra-se compartimentalizada entre as disciplinas. A falta de comunicação entre as duas culturas acarreta graves consequências para ambas. A cultura humanista revitaliza as obras do passado, a cultura científica valoriza apenas aquelas adquiridas no presente. A cultura humanista é uma cultura geral que, por meio da filosofia, do ensaio e da literatura, coloca problemas humanos fundamentais e incita à reflexão. A cultura científica suscita um pensamento consagrado à teoria, mas não uma reflexão sobre o destino humano e sobre o futuro da própria ciência. A fronteira entre as duas culturas atravessa toda a Sociologia que, no entanto, continua a mantê-las separadas, em vez de tecer um fio capaz de uni-las.

A reforma do pensamento

Por toda parte, reconhece-se a necessidade da interdisciplinaridade, pois ainda que se comece a tecer e conceber a transdisciplinaridade no estudo da saúde, da velhice, da juventude e das cidades, a interdisciplinaridade tem-se mostrado tão insuficiente quanto a ONU para confederar as nações. A transdisciplinaridade só representa uma solução quando se liga a uma reforma do pensamento. Faz-se necessário substituir um pensamento que está separado por outro que está ligado. Esse reconhecimento exige que a causalidade unilinear e unidirecional seja substituída por uma causalidade circular e multirreferencial, que a rigidez da lógica clássica seja corrigida por uma dialógica capaz de conceber noções simultaneamente complementares e antagônicas, que o conhecimento da integração das partes ao todo seja completado pelo reconhecimento do todo no interior das partes.

A atitude de contextualizar e globalizar é uma qualidade fundamental do espírito humano que o ensino parcelado atrofia e que, ao contrário disso, deve ser sempre desenvolvida. O conhecimento torna-se pertinente quando é capaz de situar toda a informação em seu contexto e, se possível, no conjunto global no qual se insere. Pode-se dizer ainda que o conhecimento progride, principalmente, não por sofisticação, formalização e abstração, mas pela capacidade de conceitualizar e globalizar.[1] O conhecimento deve mobilizar não apenas uma cultura diversificada, mas também a atitude geral do espírito humano para propor e resolver problemas. Quanto mais potente for essa atitude geral, maior será sua aptidão para tratar problemas específicos. Daí decorre a necessidade de uma cultura geral e diversificada que seja capaz de estimular o emprego total da inteligência geral, ou melhor dizendo, do espírito vivo.

A reforma da Universidade tem um objetivo vital: uma reforma do pensamento que viabilize e permita o emprego total da inteligência. Trata-se de uma reforma não pragmática, mas paradigmática, concernente à nossa aptidão para organizar o conhecimento.

A reforma necessária do pensamento é aquela que gera um pensamento do contexto e do complexo. O pensamento

---

1. A Ciência econômica é a ciência humana mais sofisticada e mais formalizada. Entretanto, os economistas são incapazes de se porem de acordo sobre suas previsões, que comumente são errôneas. E por quê? Porque a economia se isolou de outras dimensões humanas e sociais que são inseparáveis dela, e porque é incapaz de encarar o que não é quantificável, ou seja, as paixões e necessidades humanas. A economia é, portanto, a ciência mais avançada matematicamente e mais atrasada humanamente.

contextual busca sempre a relação de inseparabilidade e as inter-retroações entre qualquer fenômeno e seu contexto, e deste com o contexto planetário. O complexo requer um pensamento que capte relações, inter-relações, implicações mútuas, fenômenos multidimensionais, realidades que são simultaneamente solidárias e conflitivas (como a própria democracia que é o sistema que se nutre de antagonismos e que, simultaneamente, os regula), que respeite a diversidade, ao mesmo tempo que a unidade, um pensamento organizador que conceba a relação recíproca entre todas as partes. Pascal já havia formulado o imperativo que hoje em dia precisa ser introduzido em todos os nossos ensinamentos. Se todas as coisas são causadas e causantes, ajudadas e ajudantes, mediatas e imediatas e mantidas por uma ligação material e insensível que as sujeitam, torna-se impossível conceber as partes sem conceber o todo e tampouco o todo sem conceber as partes.

Todas as reformas da Universidade concebidas até agora têm girado ao redor de um buraco negro que concerne à necessidade profunda do ensino. Essas reformas têm sido incapazes de percebê-la, porque se encontram atreladas a um tipo de inteligência que é preciso reformar.

Existe, assim, uma ligação de circularidade entre esses imperativos interdependentes:

1. Reproblematização dos princípios do conhecimento e problematização daquilo que aparentava ser a solução;
2. Reforma do pensamento por um pensamento complexo capaz de ligar, contextualizar e globalizar;
3. Transdisciplinaridade.

Os caminhos da reforma

Uma reforma da Universidade suscita um paradoxo: não se pode reformar a instituição (as estruturas universitárias), se anteriormente as mentes não forem reformadas; mas só se pode reformar as mentes se a instituição for previamente reformada.

Existe aqui uma impossibilidade lógica, mas é desse tipo de impossibilidade que a vida se nutre. Quem educará os educadores? É necessário que se autoeduquem e eduquem escutando as necessidades que o século exige, das quais os estudantes são portadores. É certo que a reforma se anunciará a partir de iniciativas marginais, por vezes julgadas aberrantes, mas caberá à própria Universidade levá-la a cabo. É óbvio que críticas e questionamentos externos nos fazem falta, mas sobretudo o que faz falta é um questionamento interior.

A reforma dele decorrente advirá do retorno às fontes do pensamento europeu moderno representado pela problematização. Não é mais suficiente, nos dias atuais, problematizar unicamente o homem, a natureza, o mundo e Deus, mas é preciso problematizar o que traria soluções para os problemas da ciência, da técnica, do progresso, para o que acreditávamos que era a razão e que, comumente, não era nada mais do que uma racionalização abstrata. Faz falta também problematizar a própria organização do pensamento e da instituição universitária.

A reforma não partirá do zero. Há ciências multidimensionais como a Geografia, que cobre um campo muito vasto, que parte da geologia para os fenômenos econômicos e sociais. Há ciências que se tornaram poliscópicas, como a História, que abarca a multidimensionalidade do devir das realidades humanas, ou a Pré-História, que questiona todos os aspectos complexos da humanização. Ademais, uma organização do saber já começou no e pelo reagrupamento de disciplinas até então dispersas. A ecologia científica, as ciências da Terra, a cosmologia já são ciências polidisciplinares que têm por objeto não apenas um setor ou uma parte, mas um sistema complexo: o ecossistema e, de modo mais amplo, a biosfera para a ecologia; o sistema terra para as ciências da Terra e para a cosmologia que concebe o Universo a partir das organizações astronômicas e das bases que proporcionaram as experiências microfísicas, como a estranha propensão do Universo a formar e destruir sistemas estelares e solares.

Por outro lado, já se formaram princípios de inteligibilidade a partir da cibernética, da teoria dos sistemas e da teoria da informação que permitiram elaborar uma teoria da auto-organização, apta a conceber a autonomia, a noção de sujeito, a liberdade, o que era impossível de ser feito pela ciência clássica. A racionalidade e o cientificismo começaram a ser redefinidos e complexificados a partir dos trabalhos de Bachelard, Popper, Kuhn, Holton, Lakatos. Mais recentemente, pensadores científicos ocuparam o lugar de uma filosofia voltada apenas para ela mesma, que havia cessado de refletir sobre os conhecimentos e sobre o saber e sobre as contribuições que as ciências oferecem à cultura atual. Jacques Monod, François Jacob, Ilya Prigogine, Henri Atlan, Hubert Reeves, Bernard d'Espagnat, Bassarab Nicolescu, Jean-Marc

Lévy-Leblond, e tantos outros, restabeleceram as relações entre as duas culturas separadas, o que suscitará, se se levar a cabo a reforma, uma nova cultura geral, mais rica do que a antiga, apta para tratar os problemas fundamentais da humanidade contemporânea.

A reforma do ensino concebida como reforma do pensamento não pode ser apenas um elemento da reforma do ensino, a ser iniciada na escola primária, mas também levará em conta a escola secundária. O ensino primário partiria das grandes interrogações da curiosidade infantil, que dever-se-iam manter igualmente como interrogações do adulto: "Quem somos, de onde viemos, para onde vamos". Esta é a interrogação do ser humano, a ser visualizada em sua dupla natureza, biológica e cultural. Por meio dela, pode-se revelar o aspecto físico e químico da organização biológica e inserir o ser humano no cosmo e descobrir as dimensões psicológicas, sociais e históricas da realidade humana. Desde o início, ciências e disciplinas estariam ligadas, ramificadas umas com as outras, e o ensino poderia representar uma ponte entre os conhecimentos parciais e um conhecimento em movimento do global.

O ensino secundário é o lugar da verdadeira cultura geral, que estabelece o diálogo entre a cultura das humanidades e a cultura científica, não apenas levando em conta uma reflexão sobre o conhecimento adquirido e o futuro das ciências, mas também considerando a literatura como escola e experiência de vida. A História deveria desempenhar um papel-chave na escola secundária, ao permitir que o aluno se incorporasse à história de sua nação, e se situasse no devir histórico da Europa e mais amplamente no da humanidade, que compreendesse e assimilasse um tipo de conhecimento que se tornou demasiado complexo para abarcar todos os aspectos da realidade humana.

A reforma da Universidade implica a instauração de Departamentos ou Institutos dedicados às ciências que já operam uma reintegração polidisciplinar em torno de um núcleo organizador sistêmico (ecologia, ciências da Terra, cosmologia); progride com a reintegração posterior das ciências biológicas e das ciências sociais e com a elaboração de dispositivos que permitam a religação das ciências antropossociais e do conjunto das ciências da natureza.

A fim de instalar e ramificar um modo de pensamento complexo que permita a transdisciplinaridade, a Universidade deve, num primeiro momento, introduzir um "dízimo transdisciplinar". Segundo uma sugestão do Congresso Internacional de Locarno, organizado pelo CIRET[2] e pela Unesco entre 30 de abril e 2 de maio de 1997, intitulado "Qual será a Universidade para o amanhã?", um décimo do ensino pode estar consagrado a problemas transdisciplinares tais como: a relação cosmo-fisi-bio-antropos; o circuito das ciências segundo Piaget (que as torna interdependentes umas das outras); os problemas da complexidade nos distintos conhecimentos; literatura e ciências humanas; ciência, ética e política.

Pode-se, igualmente, distinguir dentro de cada Universidade um centro de investigações sobre problemas da comple-

---

2. Centro Internacional de Pesquisas e Estudos Transdisciplinares (N. T.).

xidade e da transdisciplinaridade, assim como ateliês dedicados a problemáticas complexas e transdisciplinares. Em decorrência disso, a possibilidade da existência de teses poli ou transdisciplinares deve igualmente estar assegurada.

A missão

A reforma do pensamento contém uma necessidade social-chave: formar cidadãos capazes de enfrentar os problemas de seu tempo. Com isso, tornar-se-ia possível frear o debilitamento da democracia que suscita, em todos os campos da política, a expansão da autoridade dos *experts*, de especialistas de toda ordem, que limitam progressivamente a competência dos cidadãos, condenados à aceitação ignorante daqueles que são considerados conhecedores, mas que de fato praticam uma compreensão que rompe com a contextualidade e a globalidade dos problemas. O desenvolvimento de uma democracia cognitiva só se torna possível por meio de uma reorganização do saber na qual seriam ressuscitadas, de uma nova maneira, as noções trituradas pelo parcelamento disciplinar: o ser humano, a natureza, o cosmo e a própria realidade.

Trata-se de uma necessidade histórica-chave: uma vez que a complexidade dos problemas de nosso tempo nos desarma, torna-se necessário que nos rearmemos intelectualmente, instruindo-nos para pensar a complexidade, para enfrentar os desafios da agonia/nascimento desse interstício entre os dois milênios, e tratar de pensar os problemas da humanidade na era planetária. Falta-nos compreender que nossa lucidez depende da complexidade do modo de organização de nossas ideias.

Indiquemos, por fim, que só um modo de pensar empenhado em ligar e solidarizar conhecimentos separados ou desmembrados é capaz de prolongar-se numa ética da dependência e solidariedade entre os seres humanos. Um pensamento capaz de integrar o local e o específico em sua totalidade, de não permanecer fechado no local e nem no específico, que seja apto a favorecer o sentido da responsabilidade e da cidadania. A reforma do pensamento traz consigo consequências existenciais, éticas e cívicas.

A Universidade precisa superar-se para se encontrar a si própria. Desse modo, inscrever-se-á mais profundamente em sua missão transecular, assumindo o passado cultural e adiantando-se para o novo milênio com o intuito de civilizá-lo.

2

A articulação dos saberes

Como não posso falar em nome do conselho científico que ainda não se reuniu, vou expor-lhes as preocupações que me animam. Não formularei evidentemente nenhum programa e não indicarei nenhum caminho, uma vez que minha máxima se resume nos versos do poeta Antonio Machado, *"El camino se hace al andar"* ("o caminho se faz ao andar").

O que está claro é que temos finalidades, como Meirieu[1] as exprimiu. Elas consistem em fornecer aos alunos, aos adolescentes que vão enfrentar o mundo do terceiro milênio uma cultura que lhes permitirá articular, religar, contextualizar, situar-se num contexto e, se possível, globalizar, reunir os conhecimentos que adquiriram. Além disso, uma das bases da psicologia cognitiva nos mostra que um saber só é pertinente se é capaz de se situar num contexto. Mesmo o conhecimento mais sofisticado, se estiver totalmente isolado, deixa de ser pertinente.

Evidentemente, tudo isso representa um imenso desafio a todo o ensino na aurora do 3º milênio. Por quê? Em parte,

---

1. Philipe Meirieu, responsável pelo comitê organizador do colóquio "Que saberes ensinar nas escolas".

porque estamos em uma época de saberes compartimentados e isolados uns dos outros. Não se trata somente de especialização, mas de hiperespecialização, porque as especializações não chegam a se comunicar umas com as outras. Uma justaposição de compartimentos faz esquecer as comunicações e as solidariedades entre os conhecimentos especializados que constituem o reinado dos *experts*, isto é, dos técnicos especialistas que tratam os problemas de modo isolado e esquecem que, nessa época de mundialização, os grandes problemas são transversais, multidimensionais e planetários.

O que se constata diante dessa imensa problemática é a resignação. Lembremo-nos incessantemente que não estamos mais na época de Pico de la Mirandola que podia abranger em sua mente todo o saber contemporâneo, como se o problema hoje fosse simplesmente adicionar os conhecimentos e não organizá-los. Fala-se, e se desconfia, com razão, de ideias gerais ocas, mas os espíritos mais especializados esquecem-se que têm ideias gerais sobre a vida, o mundo, Deus, o amor e a sociedade. Essas ideias são extremamente ocas, porque não são objeto de reflexão e meditação. Uma máxima concernente ao saber já havia sido formulada por Blaise Pascal que afirmou: "*eu considero impossível conhecer o todo se não conheço particularmente as partes como conhecer as partes se não conheço o todo*", isto é, ter um conhecimento que religue as partes ao todo e, evidentemente, o todo às partes.

Tudo isso requer uma reforma de pensamento que já se encontra em andamento. Ao afirmar isso, fundamento-me sobre três processos históricos. O primeiro, ocorrido na primeira metade de nosso século, com a emergência de ciências que poderiam ser denominadas polidisciplinares, a começar pela ressurreição da cosmologia na qual a astronomia de observação se conjuga à astrofísica, à microfísica, aos dados de experiências de aceleradores de partículas, e que envolve uma reflexão quase filosófica sobre o Universo. Temos a ressurreição de um outro reagrupamento intitulado Ciências da Terra, das quais Claude Allègre é um promotor: trata-se de um domínio que pretende conhecer a Terra como um sistema complexo, e que tem permitido articular diferentes disciplinas que, até o presente, ignoravam-se umas às outras. Temos a ecologia que parte dos ecossistemas e assume a biosfera como objeto e que é, evidentemente, uma ciência polidisciplinar, pois o ecologista não retém em sua mente todo o saber de botânicos, zoólogos, microbiólogos e geólogos, mas se ocupa com regulações, apelando a diferentes especialistas. Temos a Pré-história, que se transformou num conhecimento multidimensional da hominização. Além disso, não nos esqueçamos de que grandes ciências como a História se complexificaram no transcorrer dos cinquenta últimos anos. Lembremo-nos da Geografia, uma fecunda ciência que abasteceu muitos cientistas da terra e ecologistas. Temos, assim, algo que já se encontra em andamento e que, penso, irá estender-se a outros domínios científicos.

Outro elemento de otimismo reside no recuo de concepções reducionistas que, no século XIX, reinavam nas ciências, para as quais o conhecimento de unidades de base era suficiente para conhecer os conjuntos e as totalidades. Cada vez mais, são os sistemas organizados que se tornam o objeto principal.

Em terceiro lugar, o progresso na tomada de consciência das realidades complexas ocorrido após o desmoronamento do dogma determinista requer um pensamento e um método capazes de religá-las. Acrescento que, no saber existente, havia domínios florescentes como, por exemplo, a Geografia e, também, a ciência das civilizações. Quem estudava a China ou o Islã não ia somente estudar uma língua, mas também uma religião, uma cultura, uma sociedade, uma história e é, por isso, que tivemos grandes pensadores, como Maspero, Lévi e Gernet, que se empenharam no conhecimento da China, assim como Matignon, Berque e tantos outros no do Islã.

Depreende-se disso que não se parte do zero e que a história das ciências não pode ser lida somente por meio da formação e constituição de disciplinas, pois essa história é também indisciplinar. Frequentemente, o que tem ocorrido é a fecundidade do olhar estrangeiro de um amador. O grande Darwin, por exemplo, era um amador iluminado que, durante um cruzeiro no *Beagle*, fez múltiplas observações para poder elaborar sua teoria da evolução. Depois, em 1912, num domínio que Claude Allègre conhece bem, o infeliz meteorologista Wegener, ao olhar ingenuamente o mapa-múndi, afirmou: *"é curioso, tem-se a impressão que a África e a América formam um mesmo continente do qual duas partes são derivadas uma da outra"*. Bem entendido, sua teoria foi repelida por todos os geógrafos porque lhes parecia impensável.

Temos exemplos mais recentes, como o da biologia molecular que se constituiu por trabalhos marginais de físicos, químicos e biólogos e que hoje é uma ciência triunfante. Observamos cada vez mais circulações de ideias e esquemas cognitivos entre ciências que se encontravam muito afastadas umas das outras. A noção de informação, por exemplo, nascida de nossa prática social ao ser retrabalhada por Shannon, tornou-se uma noção quase física com sua teoria da informação e da comunicação, e estendeu-se aos estudos genéticos em biologia.

Além disso, torna-se necessário reconhecer que, a partir da hibridização entre engenheiros e matemáticos durante os anos quarenta, constituiu-se verdadeiramente um pensamento da organização complexa a partir dos trabalhos de Church, Turing, Wiener, Ashby, Von Neumann, Von Foerster e muitos outros. Desse modo, não partimos de uma tábua rasa. A reforma que visualizo não tem em mente suprimir as disciplinas; ao contrário, tem por objetivo articulá-las, religá-las, dar-lhes vitalidade e fecundidade.

Quando se examina o que ocorreu com a cosmologia, as ciências da terra, a Ecologia, deparamo-nos com a ressurreição de objetos naturais já conhecidos em nossa cultura, quando nos referíamos "ao mundo", "à natureza", "ao homem". Com efeito, o universo, o planeta Terra, a vida, o ser humano no mundo (um ser simultaneamente biológico, físico, espiritual, cultural) reaparecem agora. Precisamos fazer reaparecer cada vez mais a unidade multidimensional da realidade antropossocial ao articular ciências que até hoje encontram-se separadas, como a História, a Sociologia, a Economia, a Psicologia, sem esquecer das ciências do imaginário e das crenças. Incluo-me dentre aqueles que pensam que as realidades imaginárias são extremamente importantes para conhecer o ser humano.

Desse modo, poderemos reencontrar os problemas fundamentais que toda criança se coloca, que são, igualmente, os da Filosofia, essa problematização que caracterizou a fecundidade da Renascença há alguns séculos: Quem somos? Qual é nosso mundo? De onde viemos? Penso que as disciplinas deveriam colaborar para o entendimento dessa grande problematização a ser ressuscitada.

Acrescento que a História deve ser concebida em toda sua riqueza multidimensional, porque ela não é apenas constituída por acontecimentos, crises, bifurcações, mas também por mentalidades, processos econômicos e costumes, pela vida quotidiana e pelas relações que trava com a morte, o amor, a natureza. Nesse sentido, a História se enriqueceu no transcorrer dos últimos cinquenta anos, mas acrescento que, para o ensino, não é somente a História nacional que é inteiramente indispensável, mas também a História da Europa que deve ser observada em sua unidade e suas divisões, desde os tempos modernos, assim como a História do mundo, dado que temos uma História planetária desde o século XVI.

Em minha perspectiva, nem a literatura e a poesia e nem mesmo a língua francesa devem ser sacrificadas; ao contrário, é preciso que adquiram um lugar extremamente importante porque a poesia e literatura não são luxo ou ornamentos estéticos, são escolas de vida, escolas de complexidade. Quando lemos os romances de Balzac, Dickens, Dostoiévski, Tolstói, Proust, aprendemos, compreendemos e percebemos o que as ciências não chegam a dizer porque ignoram os sujeitos humanos. Quantos adolescentes não partiram para a descoberta e para o reconhecimento deles mesmos através dos romances e dos heróis com os quais simpatizaram. É preciso, evidentemente, acrescentar o cinema, que, após ter sido relegado aos infernos infraculturais por dezenas de anos, torna-se agora uma grande arte reconhecida por todos.

Se o Conselho científico aceitar o conceito de *jornadas temáticas*, que serão consagradas a grandes temas como mundo, terra, vida, humanidade, literatura, poesia, línguas, artes, cinema, culturas adolescentes, conhecimento. Se elas ocorrerem, poderemos efetivamente avançar.

Que fique bem entendido: a reforma deve originar-se dos próprios professores e não do exterior. Pode ser estimulada por eles. Cito-lhes a frase de um filósofo cujo nome não será aqui referido: *"é preciso que o corpo docente se coloque nos postos mais avançados do perigo que constitui a incerteza permanente do mundo"*. É justamente isso que devemos compreender neste fim de século XX: o mundo não gira sobre um caminho previamente traçado, não é uma locomotiva que anda sobre trilhos. Como o futuro é absolutamente incerto, é preciso pensar com e na incerteza, mas não a incerteza absoluta, porque sempre navegamos num oceano de incerteza por meio de arquipélagos de certezas locais.

A reforma do ensino e do pensamento constituem um empreendimento histórico: não será, evidentemente, a partir desse primeiro evento que ela se efetivará. Trata-se de um trabalho que deve ser empreendido pelo universo docente, o que comporta evidentemente a formação de formadores e a autoeducação dos educadores. Com efeito, apenas a autoeducação dos educadores que se efetiva com ajuda dos educandos será capaz de responder à grande questão deixada sem resposta por Karl Marx: *"quem educará os educadores?"*. Por meio dela, creio ser possível operar a ressurreição de uma missão que frequentemente acabava por se dissolver na profissão. Cito aqui uma frase célebre de Kant: *"a educação depende das luzes, ao mesmo tempo em que as luzes dependem da educação"*. Deparamo-nos aqui com um circuito recursivo, uma rotatividade. No fundo, essa missão é uma missão das luzes, não as do século XVIII, mas um novo tipo de luzes, portadoras de um saber que ajuda a compreender e abraçar a complexidade do real. Gosto de empregar a palavra *'abraçar'* já que, em latim, *complexere* significa também abraçar. Este saber que abraça deve ressuscitar uma cultura que não é pura e simplesmente a cópia da antiga cultura, mas sim sua integração em conexão com a cultura das Humanidades e a cultura das Ciências. É totalmente deplorável que o mundo das Humanidades, principalmente o da Filosofia, esteja geralmente fechado às ciências, e, inversamente, que o mundo das ciências esteja fechado à Filosofia. Poderemos transmitir aos filósofos a ideia de que é possível ensinar o *espírito reflexivo* e, simultaneamente, conhecer as aquisições das ciências, dispersando-as em jornadas temáticas, nas quais todos os domínios estariam presentes e isso porque as questões filosóficas serão sempre postuladas: O que é o mundo? Quem somos nós no mundo?

A ressurreição de uma missão inclui igualmente a ressurreição de uma fé, de uma fé na cultura, de uma fé no espírito humano, e é justamente isto que restitui o que Platão declarava ser fundamental para o educador: para ser um educador, é preciso ter *eros*, isto é, ter amor. O amor ao qual Platão se referia não envolvia a pedofilia. Enfatizava, sim, que é preciso amor para com a matéria que se ensina, para com as pessoas a quem se ensina. É preciso despertar esse *eros*. Creio que é na ressurreição trinitária do amor, da missão e da fé que se poderá tentar formar os cidadãos do terceiro milênio.

Articular as disciplinas

Uma disciplina pode ser definida como uma categoria que organiza o conhecimento científico e que institui nesse conhecimento a divisão e a especialização do trabalho respondendo à diversidade de domínios que as ciências recobrem. Apesar de estar englobada num conjunto científico mais vasto, uma disciplina tende naturalmente à autonomia pela delimitação de suas fronteiras, pela linguagem que instaura, pelas técnicas que é levada a elaborar ou a utilizar e, eventualmente, pelas teorias que lhe são próprias, como atestam os exemplos da biologia molecular, da ciência econômica ou da astrofísica.

A organização disciplinar instituiu-se no século XIX, principalmente com a formação das universidades modernas e, depois, desenvolveu-se no século XX, com o progresso da pesquisa científica. Isto significa que as disciplinas têm uma história: nascimento, institucionalização, evolução, decadência. Esta história inscreve-se na da Universidade que, por sua vez, inscreve-se na história da sociedade. O estudo da disciplinaridade, da organização da ciência em disciplinas, é decorrente da sociologia das ciências, da sociologia do conhecimento, de uma reflexão interna em cada disciplina e, também, de um conhecimento externo. Não basta situar-se no interior de uma disciplina para conhecer os problemas que lhe são concernentes.

A fecundidade da disciplinaridade na história da ciência não tem que ser demonstrada: de um lado, a disciplinaridade delimita um domínio de competência sem o qual o conhecimento tornar-se-ia fluido e vago; de outro, ela desvenda, extrai ou constrói um "objeto"[2] digno de interesse para o estudo científico e é, neste sentido, que Marcelin Berthelot afirmava que a química criava seu próprio objeto.

Entretanto, a instituição disciplinar acarreta, simultaneamente, um risco de hiperespecialização do investigador e um risco de "coisificação" do objeto estudado, percebido como uma coisa em si, correndo-se o risco de esquecer que o objeto é extraído ou construído. As ligações e solidariedades deste objeto com outros objetos tratados por outras disciplinas passam a ser negligenciadas, assim como as ligações e solidariedades deste objeto com o universo do qual faz parte. A fronteira disciplinar, com sua linguagem e com os conceitos que lhe são próprios, isola a disciplina em relação às outras e em relação aos problemas que ultrapassam as disciplinas. Desse modo, o espírito hiperdisciplinar corre o risco de se consolidar,

---

2. Este objeto de estudo se define por sua materialidade (a resistência dos materiais, por exemplo) e sua homogeneidade (o papel da moeda), mais do que pelas competências que exige, e que desenvolvem em sequência.

como o espírito de um proprietário que proíbe qualquer circulação estranha na sua parcela de saber.

A abertura se faz necessária. Ela ocorre, por vezes, quando o olhar ingênuo de um amador estranho à disciplina resolve um problema cuja solução era invisível a ela própria. O olhar ingênuo que, evidentemente, não conhece os obstáculos que a teoria existente estabelece para a elaboração de uma nova visão pode, geralmente por caminhos erráticos, permitir-se esta visão. Charles Darwin, por exemplo, era um amador iluminado, como escreveu Lewis Munford: *"Darwin tinha escapado à esta especialização unilateral profissional que é fatal a uma plena compreensão dos fenômenos orgânicos. Por seu novo papel, o amadorismo da preparação de Darwin se revelou admirável. Apesar de estar a bordo do (navio) Beagle, na qualidade de naturalista, Darwin não tinha nenhuma formação universal especializada. Mesmo, enquanto biólogo, não tinha tido nenhuma educação anterior, salvo enquanto pesquisador apaixonado por animais e colecionador de coleópteros. Mesmo diante desta ausência de formação e de interdição escolar, nada impediu que a sensibilidade de Darwin se voltasse para cada manifestação do ambiente vivo"*. Do mesmo modo, o meteorologista Alfred Wegener, ao olhar ingenuamente o mapa do Atlântico Sul, havia observado que o lado oeste da África e a costa leste do Brasil se ajustavam um ao outro. Tomando como base as semelhanças fósseis e atuais da fauna e da flora, de uma parte e de outra do oceano, Wegener elaborou em 1912 a teoria da deriva dos continentes que, por muito tempo, foi recusada pelos especialistas porque era "teoricamente impossível". Foi admitida cinquenta anos mais tarde, principalmente após a descoberta da tectônica das placas.

Marcel Proust afirmava: *"Uma verdadeira viagem de descoberta não se resume à pesquisa de novas terras, mas envolve a construção de um novo olhar"*. Jacques Labeyrie sugeria o teorema seguinte, que deveremos submeter à verificação: *"Quando não se acha solução numa disciplina, a solução vem de fora dela."*

Se o caso de Darwin e de Wegener são excepcionais, pode-se entretanto adiantar que a história das ciências não é somente a da constituição e proliferação de disciplinas, mas também a das rupturas de fronteiras disciplinares, de sobreposições de problemas de uma disciplina sobre outra, de circulação de conceitos, de formação de disciplinas híbridas que terminaram por se autonomizar. É, igualmente, a história da formação de complexos nos quais diferentes disciplinas se agregam e se aglutinam. Dito de outra forma, se a história oficial da ciência é a da disciplinaridade, a "inter-trans-poli-disciplinaridade", embora ligada e inseparável dela, constitui uma outra história, que lhe é associada e inseparável.

A "revolução biológica" dos anos cinquenta é um bom exemplo de sobreposições, contatos e transferências entre disciplinas nas margens da Física, da Química e da Biologia. Físicos como Erwin Schrödinger projetaram sobre o organismo biológico os problemas da organização física; investigadores marginais tentaram depois descobrir a organização do patrimônio genético a partir das propriedades químicas do ADN.[3]

---

3. Ácido desoxirribonucleico. Molécula constitutiva dos cromossomos.

A biologia celular, nascida destas concubinagens 'ilegítimas', não tinha nenhum estatuto disciplinar nos anos cinquenta e só o adquiriu na França após o prêmio Nobel de Monod, Jacob e Lwoff. Ela autonomizou-se antes de se fechar, ou seja, de tornar-se imperialista...[4].

Certas noções circulam e, geralmente, atravessam clandestinamente as fronteiras sem ser detectadas pelos 'guardas alfandegários'. Contrariamente à ideia, fortemente difundida, que uma noção só tem pertinência no campo disciplinar em que nasceu, certas noções migratórias fecundam um novo campo em que se enraízam, às vezes, ao preço de um contrassenso. O matemático Benoît Mandelbrot chega mesmo a afirmar que *"Uma das ferramentas mais poderosas da ciência, a única verdadeiramente universal, é o contrassenso manejado por um investigador de talento"*.

De fato, uma noção corrente no contexto de um sistema de referências pode tornar-se inovadora em outro tipo de sistema. A noção de 'informação', por exemplo, oriunda da prática social, adquiriu um sentido científico preciso e novo na teoria de Shannon; depois ela migrou para a Biologia para se inscrever no gene; associou-se, então, à noção de 'código', oriunda da linguagem jurídica, que se "biologizou" na noção de 'código genético'. A biologia molecular esquece, geralmente, que sem as noções de patrimônio, código, informação, mensagem, todas elas oriundas de outras disciplinas, a organização viva seria ininteligível.

---

4. Mas isto, como diria Changeaux e Kipling, é uma outra história.

Mais importantes ainda são as transferências de esquemas cognitivos de uma disciplina à outra. Claude Lévi-Strauss não teria podido elaborar sua antropologia estrutural se não tivesse encontrado Jakobson em Nova Iorque — nos bares, ao que parece. Jakobson já havia elaborado a linguística estrutural e os dois não se teriam reencontrado se não fossem ambos refugiados da Europa. Jakobson fugira alguns decênios antes da Revolução Russa, Lévi-Strauss deixara a França ocupada pelos nazistas.

Inumeráveis são as migrações de ideias e concepções, assim como as simbioses e transformações teóricas devidas às migrações de cientistas expulsos de universidades nazistas ou stalinistas. Aqui reside a prova inconteste que um poderoso antídoto contra o fechamento e o imobilismo de disciplinas pode ser proveniente dos grandes abalos sísmicos da História (com os de uma guerra mundial), das perturbações e dos turbilhões sociais que, felizmente, suscitam confrontos e trocas, que, por sua vez, permitem a uma disciplina disseminar uma semente a partir da qual nascerá uma nova disciplina.

Certas concepções científicas mantêm sua vitalidade porque se recusam ao claustro disciplinar. Exemplo disso é a Escola dos Anais, cuja concepção de História é hoje mais reconhecida após ter estado muito tempo marginalizada na própria Universidade. Esta concepção constituiu-se no e pelo desenclausuramento: abriu, em primeiro lugar, a História à Economia e à Sociologia; depois, uma segunda geração de historiadores incorporou profundamente a perspectiva antropológica, como atestam os trabalhos de Georges Duby e Jacques Le Goff sobre a Idade Média. A História assim fecundada não pode mais ser considerada como uma disciplina *stricto sensu*, mas como uma ciência histórica multifocalizada, composta por várias dimensões das outras ciências humanas, cuja perspectiva global adquire justamente todo seu valor graças a elas, longe de estar diminuída pela multiplicidade das perspectivas particulares.

Certos campos de pesquisa disciplinar cada vez mais complexos recorrem a disciplinas as mais diversas ao mesmo tempo que à policompetência do pesquisador. Foi o que ocorreu com a Pré-História, cujo objeto, a partir das descobertas de Louis Leakey, na África austral em 1959, passou a ser a hominização, isto é, a evolução dos primatas aos homens, um processo não somente anatômico e técnico, mas também ecológico,[5] genético, etológico,[6] psicológico, sociológico, mitológico.[7] Na linha de trabalho de Washburn e De Vore, o pré-historiador de hoje que estuda a hominização deve referir-se, de um lado, à etologia dos primatas superiores, para tentar conceber como se pôde efetivar a passagem de uma sociedade primática avançada às sociedades hominizadas e, de outro lado, à Antropologia, que estuda as sociedades arcaicas, ponto de chegada do processo. A Pré-História, por outro lado, apela cada vez mais para técnicas as mais diversas, principalmente para a datação de ossos e utensílios, a análise do clima, da fauna e da flora. Ao associar estas diversas disciplinas

---

5. A substituição da floresta pela savana.
6. Que diz respeito ao comportamento.
7. Com a aparição do culto dos mortos e das crenças no além.

à sua pesquisa, o pré-historiador se torna policompetente, como Yves Coppens, por exemplo, quando faz o balanço de seu trabalho, uma obra que trata das múltiplas dimensões da aventura humana. A Pré-História é hoje uma ciência policompetente e polidisciplinar.

A constituição de um objeto simultaneamente interdisciplinar, polidisciplinar e transdisciplinar permite criar a troca, a cooperação e a policompetência. A ciência ecológica constituiu-se, a partir do momento em que o conceito de "ecossistema"[8] foi criado por Tansley em 1935, a partir do momento em que a concepção de sistema permitiu articular conhecimentos os mais diversos (geográficos, geológicos, bacteriológicos, zoológicos e botânicos). A ciência ecológica tem utilizado não apenas os aportes de diferentes disciplinas, mas também tem criado cientistas policompetentes cada vez mais aptos para pensar os problemas fundamentais deste tipo de organização.

Os exemplos da hominização e do ecossistema mostram que, na história das ciências, as rupturas de clausuras disciplinares, de superações ou transformações de disciplinas se produzem pela constituição de novos esquemas cognitivos, que Hanson denominava 'retrodução'. O exemplo da biologia molecular mostra que essas superações e transformações podem efetivar-se pela invenção de hipóteses explicativas novas

---

8. União de um biótopo e de uma biocenose. A biocenose é o conjunto dos organismos vivos (animais e vegetais) habitando um meio físico-químico (o biótopo) cujas características são determinadas pela qualidade das águas (marítimas, minerais...), do ar (clima, umidade...) e dos minerais (rochas, argilas...).

— o que Peirce chamava 'abdução'. A conjunção do novo esquema cognitivo e das novas hipóteses permite articulações organizativas ou estruturais entre disciplinas separadas e possibilita conceber a unidade do que está disjunto.

Isso é também válido para o cosmo, que havia sido expulso das disciplinas parcelares e que retornou triunfalmente desde o desenvolvimento da Astrofísica a partir das observações de Hubble sobre a dispersão das galáxias em 1930, a descoberta do raio isótropo em 1965 e a integração dos conhecimentos microfísicos laboratoriais para conceber a formação da matéria e a vida dos astros. Além disso, a Astrofísica não é somente uma ciência nascida de uma visão cada vez mais forte entre física, microfísica e astronomia de observação. É também uma ciência que fez emergir um esquema cognitivo cosmológico que permite religar conhecimentos disciplinares os mais diversos para considerar nosso universo e sua história e, assim, introduzir definitivamente na ciência (ao renovar o interesse humano por esse problema-chave) o que antes parecia decorrer exclusivamente da especulação filosófica.

Há, enfim, casos de hibridização extremamente fecundos. Talvez um dos momentos mais importantes da história científica tenha ocorrido nos encontros que se operaram nos anos quarenta, durante a Segunda Guerra Mundial e depois, nos anos cinquenta, entre engenheiros e matemáticos. Estes encontros fizeram confluir os trabalhos matemáticos inaugurados por Church e Turing e as pesquisas técnicas para criar máquinas autogovernadas, que conduziram à formação do que Wiener denominou cibernética, que integrava a teoria da informação concebida por Shannon e Weaver no quadro da companhia de telefonia Bell. Um verdadeiro nó górdio de conhecimentos formais e de conhecimentos práticos se formou nas ciências, nas margens entre ciência e engenharia. Este corpo de ideias e conhecimentos novos se desenvolveu para criar o campo novo da informática e da inteligência artificial, e irradiou-se para todas as ciências, naturais e sociais. Von Neuman e Wiener podem ser considerados como exemplos típicos da fecundidade de espíritos policompetentes cujas aptidões podem aplicar-se a práticas diversas tanto quanto à teoria fundamental.

Estes poucos exemplos, rápidos, fragmentários, dispersos, pretendem insistir sobre a espantosa variedade de circunstâncias que fazem progredir as ciências ao quebrar o isolamento das disciplinas pela circulação de conceitos ou de esquemas cognitivos, pelas sobreposições e interferências, pelas complexificações de disciplinas em campos policompetentes, pela emergência de novos esquemas cognitivos e novas hipóteses explicativas, assim como pela constituição de concepções organizativas que permitem articular domínios disciplinares num sistema teórico comum.

Torna-se necessário tomar consciência deste aspecto que é o menos esclarecido na história oficial das ciências. As disciplinas são plenamente justificadas intelectualmente sob a condição de constituírem um campo de visão que reconheça e conceba a existência de ligações de solidariedades. Mais ainda, só são plenamente justificadas se não ocultarem realidades globais. Por exemplo, a noção de homem se encontra fragmentada entre diferentes disciplinas biológicas e em todas as disciplinas das ciências humanas: o psiquismo é estudado de um lado, o cérebro de outro, o organismo alhures, assim como os genes e a cultura. Trata-se, efetivamente, de aspectos múltiplos de uma realidade complexa, que só adquirem sentido se forem religados à esta realidade em vez de ignorá-la. Não se pode certamente criar uma ciência unitária do homem, pois ela dissolveria a multiplicidade complexa do que é o humano. O importante é não esquecer que o homem existe e que não é uma ilusão "ingênua" de humanistas pré-científicos, o que poderia conduzir a um grande absurdo.[9]

Torna-se igualmente necessário ter consciência do que Piaget denominava o *'círculo das ciências'*, que estabelece a interdependência de *facto* das diversas ciências. Por exemplo, as ciências humanas tratam do homem, que é não apenas um ser psíquico e cultural mas também um ser biológico. De certa forma, as ciências humanas encontram-se enraizadas nas ciências biológicas que, por sua vez, enraízam-se nas ciências físicas, sendo que nenhuma delas é, evidentemente, redutível a outra. As ciências físicas não são o pedestal último e primitivo sobre o qual se edificam todas as outras: as ciências físicas, por mais fundamentais que sejam, são também ciências humanas uma vez que aparecem numa história humana e numa sociedade humana (pode-se citar, por exemplo, a elaboração do conceito de energia, inseparável da tecnização e da industrialização das sociedades ocidentais no século XIX).

---

9. De fato, já se chegou a isso, pois em certos setores das ciências humanas, onde a inexistência do homem foi decretada, este bípede não entra nas categorias disciplinares.

Em sentido amplo, tudo é físico, mas ao mesmo tempo tudo é humano. O grande problema consiste em encontrar o caminho difícil da articulação entre ciências que têm cada uma sua linguagem própria e conceitos fundamentais que não podem passar de uma linguagem à outra.

Por último, tem-se um paradigma que reina sobre os espíritos porque institui os conceitos soberanos e a relação lógica que se estabelece entre eles (disjunção, conjunção, implicação etc.) e que governa de forma oculta concepções e teorias científicas que se encontram submetidas a seu controle.

Emerge, atualmente, ainda que de forma esparsa, um paradigma cognitivo que começa a estabelecer pontos de ligação entre ciências e disciplinas não comunicantes. Com efeito, o reinado do paradigma da ordem pela exclusão da desordem — paradigma que se traduzia por uma concepção determinista e mecanicista do universo — fragmentou-se em inúmeras partes. Nos diferentes domínios do conhecimento, as noções de ordem e desordem exigem cada vez mais prontamente serem concebidas de forma complementar e não mais apenas antagônica apesar de todas as dificuldades lógicas que essa relação envolve. Essa ligação apareceu no plano teórico com Von Neuman (teorias dos autômatos autoprodutores) e Von Foerster (*order from noise*[10]). Impôs-se igualmente, na termodinâmica de Ilya Prigogine que mostrou que fenômenos de organização aparecem em condições de turbulência; implantou-se sob o nome de "caos determinista" e constituiu um novo ramo da Física, ilustrado por David Ruelle.

---

10. Ordem a partir do ruído.

De diferentes horizontes advém a ideia de que ordem, desordem e organização devem ser pensadas juntas. A missão da ciência não é mais expulsar a desordem de suas teorias, mas levá-la em consideração. Não consiste mais em dissolver a ideia de organização, mas de concebê-la e introduzi-la para que seja possível federar as disciplinas parcelares. Eis porque, talvez, um novo paradigma esteja começando a nascer.

Voltemos aos termos interdisciplinaridade, multidisciplinaridade ou polidisciplinaridade (ou pluridisciplinaridade) e transdisciplinaridade — que não foram ainda definidos porque são polissêmicos e fluídos.

A interdisciplinaridade pode significar que diferentes disciplinas encontram-se reunidas como diferentes nações o fazem na ONU, sem entretanto poder fazer outra coisa senão afirmar cada uma seus próprios direitos e suas próprias soberanias em relação às exigências do vizinho. Ela pode também querer dizer troca e cooperação e, desse modo, transformar-se em algo orgânico.

A polidisciplinaridade constitui uma associação de disciplinas em torno de um projeto ou de um objeto que lhes é comum. As disciplinas são chamadas para colaborar nele, assim como técnicos especialistas são convocados para resolver esse ou aquele problema. De modo contrário, as disciplinas podem estar em profunda interação para tentar conceber um objeto e um projeto, como já se viu no estudo da hominização.

A transdisciplinaridade se caracteriza geralmente por esquemas cognitivos que atravessam as disciplinas, por vezes com uma tal virulência que as coloca em transe. Em resumo, são as redes complexas de inter, poli e transdisciplinaridade que operaram e desempenharam um papel fecundo na história das ciências.

As ideias de inter e de transdisciplinaridade são as únicas importantes. Devemos 'ecologizar' as disciplinas, isto é, levar em conta tudo o que lhe é contextual, aí compreendidas as condições culturais e sociais. É necessário que vejamos em que contexto elas nascem, como colocam seus problemas, como se esclerosam ou se metamorfoseiam. O metadisciplinar — meta significando ultrapassar e conservar — deve levar em conta tudo isso. Não se pode jogar fora o que foi criado pelas disciplinas, não se pode quebrar todas as clausuras. Este é o problema da disciplina, da ciência e da vida: é preciso que uma disciplina seja ao mesmo tempo aberta e fechada.

Em conclusão, para que nos serviriam todos os conhecimentos parcelares se não os confrontássemos uns com os outros, a fim de formar uma configuração capaz de responder às nossas expectativas, necessidades e interrogações cognitivas?

Pensemos também que o que está além da disciplina é necessário à própria disciplina, isso se não se quiser que ela seja automatizada e finalmente esterilizada — o que nos remete a um imperativo cognitivo formulado há três séculos por Blaise Pascal, que justificava as disciplinas a partir de um ponto de vista multidisciplinar.

Pascal nos convidava, evidentemente, a um conhecimento em movimento, em circuito pedagógico, em espiral, que avança ao ir das partes ao todo e do todo às partes, e é isso que constitui nossa ambição comum.

A antiga e a nova transdisciplinaridade

Sabemos cada vez mais que as disciplinas se fecham e não se comunicam umas com as outras. Os fenômenos são cada vez mais fragmentados, e não se consegue conceber a sua unidade. É por isso que se diz cada vez mais: "Façamos interdisciplinaridade". Mas a interdisciplinaridade controla tanto as disciplinas como a ONU controla as nações. Cada disciplina pretende primeiro fazer reconhecer a sua soberania territorial e, desse modo, confirmar as fronteiras em vez de desmoroná-las, mesmo que algumas trocas incipientes se efetivem.

É necessário ir mais longe, e é aqui que aparece o termo transdisciplinaridade. Uma primeira observação se faz necessária: o desenvolvimento da ciência ocidental desde o século XVII não foi apenas um desenvolvimento disciplinar, *mas também um desenvolvimento transdisciplinar.* É necessário fazer referência não apenas às ciências, mas também à Ciência, porque há uma unidade de método, um certo número de postulados implícitos em todas as disciplinas, como o postulado da objetividade, a eliminação do problema do sujeito, a utilização das matemáticas como uma linguagem e um modo de explicação comum, a procura da formalização etc. *A ciência nunca teria sido ciência se não tivesse sido transdisciplinar.* Além disso, a história da ciência é marcada por grandes unificações transdisciplinares marcadas com os nomes de Newton, Maxwell, Einstein, pelo esplendor de filosofias subjacentes (empirismo, positivismo, pragmatismo) ou por imperialismos teóricos (marxismo, freudismo).

É importante ressaltar, porém, que os princípios transdisciplinares fundamentais da ciência, como a matematização e a formalização, são precisamente os que permitiram desenvolver o enclausuramento disciplinar. Em outras palavras, a unidade foi sempre hiperabstrata, hiperformalizada, e não pôde fazer comunicar as diferentes dimensões do real senão abolindo estas dimensões, isto é, unidimensionalizando o real.

O verdadeiro problema não consiste no "fazer transdisciplinar"; mas "que transdisciplinar é preciso fazer?" Há que se considerar aqui o estatuto moderno do saber. O saber existe, primordialmente, para ser refletido, meditado, discutido, criticado por espíritos humanos responsáveis, ou para ser armazenado em bancos informacionais e computado por instâncias anônimas e superiores aos indivíduos? Torna-se necessário constatar que uma revolução já está ocorrendo sob nossos olhos. Enquanto o saber, da tradição grega clássica à era das Luzes e até o fim do século XIX, era efetivamente algo para ser compreendido, pensado, refletido, hoje, nós, indivíduos, vemo-nos, agora, privados do direito à reflexão.

Neste fenômeno de concentração em que os indivíduos são despossuídos do direito de pensar, cria-se um sobrepensamento que é um subpensamento, porque algumas propriedades de reflexão e consciência próprias da mente humana encontram-se ausentes dele. Como restituir o saber às mentes individuais? Constata-se que o paradigma que sustenta o nosso conhecimento científico é incapaz de responder a essa questão, e isso porque a ciência se baseou na exclusão do sujeito. Todo conhecimento objetivo comporta um conhecimento subjetivo, uma mente que filtra e traduz as mensagens do mundo exterior. O retorno do sujeito constitui hoje um problema fundamental, que se encontra na ordem do dia. Neste momento, é imperioso postular o problema da disjunção total objeto-sujeito, que restringiu o monopólio do sujeito à especulação filosófica.

Precisamos de pensar-repensar o saber, não com base numa pequena quantidade de conhecimento como nos séculos XVII-XVIII, mas no estado atual de proliferação, dispersão, parcelamento dos conhecimentos. Mas, como fazer?

Deparamo-nos aqui com um problema prévio a toda a transdisciplinaridade: o dos paradigmas ou princípios que determinam-controlam o conhecimento científico. Como bem sabemos, desde A *Estrutura das Revoluções Científicas* de Thomas Khun, o desenvolvimento da ciência não se efetua por acumulação dos conhecimentos, mas por transformação dos princípios que os organizam. A ciência não se limita a crescer, mas em transformar-se. Por isso, a ciência é mais mutável do que a teologia, como afirmava Whitehead. Creio visceralmente que vivemos com princípios que identificamos de forma absoluta com a ciência e que, de fato, correspondem à sua idade "clássica" do século XVIII ao fim do século XIX, e são estes princípios que devem ser transformados.

Estes princípios foram, de certo modo, formulados por Descartes: trata-se da dissociação entre o sujeito (*ego cogitans*), remetido para a metafísica, e o objeto (*res extensa*), atributo da ciência. A exclusão do sujeito efetuou-se com base na concordância de que as experimentações e observações realizadas por diversos observadores permitiriam atingir um conhecimento objetivo. Mas, desse modo, ignorou-se que as teorias científicas não são o reflexo puro e simples das realidades objetivas, mas coprodutos das estruturas do espírito humano e das condições socioculturais do conhecimento. Foi por isso que se chegou à situação atual na qual a ciência é incapaz de determinar o seu lugar, seu papel na sociedade, incapaz de prever se o que sairá do seu desenvolvimento contemporâneo será o aniquilamento, a subjugação ou a emancipação.

A disjunção sujeito-objeto é um dos aspectos essenciais de um paradigma mais geral de disjunção-redução, pelo qual o pensamento científico separa realidades inseparáveis sem poder encarar sua relação, ou identificá-las por redução da realidade mais complexa à realidade menos complexa. Física, Biologia, Antropossociologia tornaram-se ciências totalmente disjuntas e, quando se quis ou se quer associá-las, isso se faz por redução do biológico ao físico-químico, do antropológico ao biológico.

Para promover uma nova transdisciplinaridade precisamos de um paradigma que, certamente, permita distinguir, separar, opor e, portanto, disjuntar relativamente estes domínios científicos, mas que, também, possa fazê-los comunicarem-se entre si, sem operar a redução. O paradigma da simplificação (redução-disjunção) é insuficiente e mutilante. Torna-se necessário um paradigma de complexidade que, ao mesmo tempo disjunte e associe, que conceba os níveis de emergência da realidade sem reduzi-los às unidades elementares e às leis gerais.

Consideremos os três grandes domínios da Física, Biologia e Antropossociologia. Como fazer para que eles se comuniquem? Sugiro que essa comunicação seja feita em circuito. Primeiro movimento: é preciso enraizar a esfera antropossocial na esfera biológica, porque somos seres vivos, animais sexuados, vertebrados, mamíferos, primatas. De modo semelhante, é preciso enraizar a esfera viva na *physis*, porque, se a organização viva é original em relação à toda organização físico-química, ela é também uma organização físico-química, saída do mundo físico e dependente dele. Operar o enraizamento não implica operar nenhuma *redução*: não se trata de reduzir o humano a interações físico-químicas, mas se reconhecer os níveis de emergência dessas interações.

Além disso, torna-se necessário operar o movimento em sentido inverso: a ciência física não é puro reflexo do mundo físico, mas sim uma produção cultural, intelectual, noológica, cujos desenvolvimentos dependem da sociedade e das técnicas de observação-experimentação por ela produzidas. A energia não é um objeto visível, mas um conceito produzido para dar conta de transformações e de invariâncias físicas, desconhecido até o século XIX. Devemos ir do físico ao social e também ao antropológico, porque todo o conhecimento depende das condições, possibilidades e limites do nosso entendimento, do nosso espírito-cérebro de *homo-sapiens*. É necessário enraizar o conhecimento físico e biológico numa cultura, numa sociedade, numa história, numa humanidade. A partir daí, cria-se a possibilidade de comunicação entre as ciências. A ciência transdisciplinar é a ciência que poderá desenvolver-se a partir destas comunicações, dado que o antropossocial remete ao biológico, que remete ao físico, que remete ao antropossocial.

Nos cinco volumes de La Méthode já publicados, tento empreender as condições de formação desse circuito, seu caráter "enciclopedante", uma vez que ponho em comunicação pedagógica (*agkukliós paideia*) essas esferas até então não comunicantes. Este caráter enciclopedante assemelha-se a um mecanismo externo que aciona um mecanismo interior representado pela articulação teórica, a partir da qual uma teoria complexa da organização tenta autoconstituir-se, sobretudo com a ajuda dos conceitos cibernéticos, sistêmicos, criticando-os, mas tentando ir mais além deles. Esse mecanismo esforça-se para que o núcleo paradigmático se mobilize, o que acontece muito pouco, embora um pequeníssimo movimento possa vir a provocar uma grande mudança no centro paradigmático do qual dependem as teorias, a organização e mesmo a percepção dos fatos.

A finalidade da minha pesquisa metodológica não se resume em encontrar um princípio unitário de todos os conhecimentos, pois isso representaria uma nova redução a um princípio-chave, abstrato, que anularia toda a diversidade do real, ignoraria os vazios, as incertezas e aporias provocadas pelo desenvolvimento dos conhecimentos (que preenche vazios, mas abre outros, que resolve enigmas, mas revela mistérios). Trata-se de estabelecer uma comunicação com base num pensamento complexo. Ao contrário de um Descartes que partia de um princípio simples de verdade, identificando-a com ideias claras e distintas e que, por isso, propunha um discurso do método de poucas páginas, faço um discurso muito longo à procura de um método que não se revela por nenhuma evidência inicial, mas que deve elaborar-se com esforço e risco. A missão deste método não é fornecer fórmulas programáticas de um pensamento 'são', mas convidar a pensar a si mesmo na complexidade. Não é fornecer a receita que fecharia o real num compartimento, mas fortalecer-nos na luta contra a doença do intelecto — o idealismo — que crê que o real pode reduzir-se à ideia, e que acaba por identificar o mapa com o território. Esse método pretende colocar-se contra a doença degenerativa da racionalidade — a racionalização —, que acredita que o real pode esgotar-se num sistema coerente de ideias.

Por uma reforma do pensamento

Gostaria de partir de uma evidência da psicologia cognitiva. Um conhecimento só é pertinente na medida em que se situe num contexto. A palavra, polissêmica por natureza, adquire seu sentido uma vez inserida no texto. O texto em si mesmo adquire seu sentido no contexto. Uma informação só tem sentido numa concepção ou numa teoria. Do mesmo modo, um acontecimento só é inteligível se é possível restitui-lo em suas condições históricas, sociológicas ou outras.

Pode-se deduzir daí que é primordial aprender a contextualizar e melhor que isso, a globalizar, isto é, a saber situar um conhecimento num conjunto organizado. Esta atitude é muito mais importante que o desenvolvimento extremamente sofisticado que se verifica no domínio matemático ou informático. A única ciência humana e social que recentemente recebeu um prêmio Nobel foi a Economia, ciência altamente formalizada e sofisticada. Como ela está fechada em si mesma, é incapaz de prever a menor crise, o menor *crash* da bolsa (a menos que se suponha que a Bolsa não tem absolutamente nada a ver com a Economia). Esta inaptidão se explica facilmente pelo fato de que a Economia encontra-se submersa nas outras realidades humanas dela dependentes, mas das quais ela depende também.

A palavra cultura, camaleão conceitual, muda de sentido de acordo com seu contexto. Antes de mim, Martine Abdallah Pretcelle falou de cultura no sentido quase etnográfico do termo. Quanto a mim, não retenho este sentido, mesmo que esteja totalmente de acordo com o que ela disse. Uma cultura que parece estar congelada no tempo e no espaço é feita de encontros, agregações e sincretismos. Enriquece-se ao integrar elementos exteriores à ela. Diria mesmo que, no interior de cada cultura, o modelo oficial não é geralmente o modelo real, pois muitos hereges o suportam sem aderir a ele.

A cultura das *humanidades* fundamenta-se na história, na literatura, na filosofia, na poesia e nas artes. Em sua essência, ela transmitia a aptidão para a abertura e para a contextualização. Além disso, favorecia a capacidade de refletir, de meditar sobre o saber e, eventualmente, integrá-lo em sua própria vida para melhor esclarecer sua conduta e o conhecimento de si.

A ruptura cultural

Defrontamo-nos desde o século XVI, mas sobretudo no XX, com o desafio da ruptura cultural entre a cultura das *humanidades* e a cultura *científica*. Estas duas culturas possuem natureza inteiramente diferente.

A cultura científica é uma cultura de especialização, que tende a se fechar sobre si mesma. Sua linguagem torna-se esotérica, não somente para o comum dos cidadãos, mas também para o especialista de uma outra disciplina. O saber em si mesmo cresce de forma exponencial e não pode ser abarcado por nenhum espírito humano. Através deste fantástico desenvolvimento da cultura científica, assiste-se a uma perda da reflexividade sobre o futuro da ciência e a natureza da ciência humana. Em 1934, Husserl já havia assinalado em sua famosa conferência sobre a crise das ciências europeias sobre este tipo de buraco negro que escondia o sujeito, que tem instrumentos maravilhosos para conhecer objetos mas não tem nenhum instrumento para se conhecer a si mesmo. Sabemos hoje que nossa galáxia, a Via Láctea, possui em seu centro um gigantesco buraco negro invisível. Acontece o mesmo com nossas ciências, que veem este buraco aumentar. O inconveniente para a cultura das *humanidades* é que ela se assemelha a um moinho que não tem mais grãos para moer. Com efeito, todos os conhecimentos revolucionários sobre o cosmo, o mundo físico, a ideia de realidade, a vida e, bem entendido, sobre o homem, provêm das ciências. O fosso, a disjunção entre estas duas culturas é algo trágico para nossa cultura.

O desafio da complexidade

Ao colocar-se em confronto as ciências no século XX, a complexidade representa um grande desafio. No final do segundo milênio, o mundo científico considerava que as ciências repousavam sobre três pilares de certeza:

- o primeiro pilar era a ordem, a regularidade, a constância e, sobretudo, o determinismo absoluto. Laplace imaginava que um demônio, dotado de sentido e de um espírito superiores, podia conhecer qualquer acontecimento do passado e do futuro;
- o segundo pilar era a separabilidade. Considere-se, por exemplo, um objeto e um corpo. Para conhecê-lo, basta isolá-lo conceitual ou experimentalmente, extraindo-o de seu meio de origem para examiná-lo num meio artificial;
- o terceiro pilar era o valor de prova absoluta fornecida pela indução e pela dedução, e pelos três princípios aristotélicos que estabelecem a unicidade da identidade e a recusa da contradição.

Esses três pilares encontram-se hoje em estado de desintegração, não porque a desordem substituiu a ordem, mas porque começou-se a admitir que, mesmo no mundo físico em que a ordem reinava soberana, existia na realidade um jogo dialógico[11] entre ordem e desordem simultaneamente comple-

---

11. A dialógica significa que duas ou várias "lógicas" diferentes estão ligadas em uma unidade, de forma complexa (complementar, concorrente e antagônica),

mentar e antagônico. Essa constatação era válida não apenas para a Física, mas também para a história da Terra e da Vida. Sabemos, por exemplo, que 96% das espécies vivas desapareceram durante um cataclisma no início da era secundária e algumas outras também desapareceram por causa do meteorito que provocou a extinção dos dinossauros no fim do secundário. A evolução se situa num jogo contraditório que dá continuidade à história humana.

No que diz respeito à separação dos objetos, havia-se igualmente esquecido que eles estavam ligados uns aos outros no interior de uma organização ou sistema, cuja originalidade primeira é criar qualidades chamadas de emergências.[12] Elas aparecem no contexto desta organização, mas não existem nas partes concebidas isoladamente. Compreendeu-se que a vida não era feita de uma substância específica, mas constituída das mesmas substâncias físico-químicas que o restante do universo. A vida originou-se de moléculas ou de macromoléculas que, separadamente, não têm nenhuma das propriedades da vida, da reprodução, da autorreprodução ou do movimento. As propriedades vivas não existem ao nível isolado das moléculas, pois só emergem graças a uma auto-organização complexa.

---

sem que a dualidade se perca na unidade (ver um exemplo, em *Pensar a Europa*. Paris: Ed. du Seuil, 1993. p. 24).

12. "A inscrição da noção de emergência, no coração mesmo da concepção do sistema, representa a inscrição do não redutível e do não dedutível, daquilo que, na percepção física, resiste a nosso entendimento e à nossa racionalização, isto é, este aspecto do real que se situa nos antípodas do ideal" (In Morin. *O método e a natureza da natureza*. Paris: Ed. du Seuil, 1977. p. 138; edição de bolso, p. 123).

É por isso que um certo número de ciências se tornaram sistêmicas, como as ciências da Terra, a ecologia ou a cosmologia. Estas ciências permitiram articular entre si os conhecimentos de disciplinas diferenciadas. Por exemplo, o ecólogo utiliza conhecimentos dos botânicos, dos zoólogos, dos microbiólogos e dos geofísicos. Entretanto, ele não tem necessidade de dominar todas essas ciências. Seu conhecimento consiste no estudo das reorganizações, dos desregramentos e regulamentos dos sistemas. Constata-se, hoje, que um certo número de ciências se empenha em colocar na ordem do dia o problema da religação. Mais amplamente, tudo que está separado em nosso universo é ao mesmo tempo inseparável.

Por outro lado, os trabalhos de Popper mostraram os limites do valor absoluto da indução. Mesmo a dedução, em si mesma, pode ter derrapagens. Basta lembrar do famoso paradoxo do cretense que pretende que todos os cretenses sejam mentirosos, ou então todos os teoremas da indecidibilidade dos quais o mais célebre é o de Gödel.

Os três pilares que formam o corpo de certezas encontram-se abalados. Para agravar a situação, a Física e a Macrofísica chegaram nos anos vinte a um paradoxo profundo. O mesmo elemento, isto é, a partícula, podia comportar-se de modo contraditório, segundo o experimento, tanto como uma onda como um corpúsculo. Por meio desse paradoxo espantoso, defrontamo-nos também com o paradoxo do indivíduo e da espécie. Se vemos apenas os indivíduos, não vemos a espécie que encarna a continuidade. Mas se paramos de ver os indivíduos e olhamos para um espaço mais vasto de tempo, não há mais indivíduos, só espécies. Certos sociólogos pensam até que os indivíduos não existem, são apenas marionetes e fantoches da sociedade, essa sim a única realidade. Em contrapartida, para alguns psicólogos, a sociedade deixa de existir pois conseguem enxergar apenas os indivíduos.

Compreende-se por esses exemplos que o desafio da complexidade reside no duplo desafio da religação e da incerteza. É preciso religar o que era considerado como separado. Ao mesmo tempo, é preciso aprender a fazer com que as certezas interajam com a incerteza. O conhecimento é, com efeito, uma viagem que se efetiva num oceano de incerteza salpicado de arquipélagos de certeza. Não resta dúvida que nossa lógica nos é indispensável para verificar e controlar, mas, ao fim e ao cabo, o pensamento acaba por operar transgressões nela. A racionalidade não se reduz à lógica, mas a utiliza como um instrumento. A ciência reconheceu oficiosamente este desafio da complexidade que hoje penetra no conhecimento científico, embora não seja ainda reconhecido oficialmente.

O desafio da complexidade se intensifica no mundo contemporâneo já que nos encontramos numa época de mundialização, que prefiro chamar de era planetária. Isto significa que todos os problemas fundamentais que se colocam num contexto francês ou europeu o ultrapassam, pois decorrem cada um a seu modo, dos processos mundiais. Os problemas mundiais agem sobre os processos locais que retroagem por sua vez sobre os processos mundiais. Responder a este desafio contextualizando-o em escala mundial, quer dizer globalizando-o, tornou-se algo absolutamente essencial, apesar de sua extrema dificuldade.

É preciso, igualmente, pensar na incerteza, pois ninguém pode prever o que ocorrerá amanhã ou depois de amanhã. Além disso, perdemos a promessa de um progresso infalivelmente previsível pelas leis da história ou pelo desenvolvimento inelutável da ciência e da razão. Tragicamente encontramo-nos numa situação na qual nos conscientizamos acerca das necessidades de religação e solidariedade e da necessidade de trabalhar na incerteza.

Esse desafio se desenvolve, paralelamente, em todos os domínios técnicos e especializados dos conhecimentos compartimentalizados. Vivemos igualmente no mundo das mentalidades e das práticas fragmentárias, voltadas para si mesmas, para a religião, a etnia ou a nação. Focalizamo-nos sobre um único fragmento da humanidade do qual, entretanto, fazemos parte. De um lado, temos a inteligência tecnocrática, cega, incapaz de reconhecer o sofrimento e a felicidade humana, o que vem causando tantos desperdícios, ruínas e infelicidades e, de outro, a miopia alucinada do voltar-se para si mesmo.

A resposta só pode advir de uma reforma do pensamento que instituiria o princípio da religação, ao reaproximar o que até o presente era concebido de forma disjunta e, por vezes, repulsiva.

Tomemos, por exemplo, a dificuldade em conceber o problema da relação entre o todo e a parte. Pascal já havia dito que todas as coisas estavam ligadas umas às outras, que era impossível conhecer as partes sem conhecer o todo, assim como conhecer o todo sem conhecer as partes. Para ele, o conhecimento era um vaivém permanente do todo às partes, que escapava à alternativa estúpida que opõe os conhecimentos particulares não religados entre si ao conhecimento global, oco e vago. Infelizmente, quanto mais temos conhecimentos especializados e limitados, mais temos ideias globais absolutamente estúpidas sobre a política, o amor ou a vida. Para remediar esta engrenagem, Pascal nos havia oferecido um programa de trabalho.

Afirmava que a verdadeira unidade mantinha e salvava a multiplicidade. Toda vez que se fala de unidade, homogeiniza-se apagando as diferenças nela contidas. Reciprocamente, toda vez que se fala de diferenças, cataloga-se. Em consequência disso tornamo-nos incapazes de perceber a unidade.

Os três princípios da reaprendizagem pela religação

A religação implica um problema de reaprendizagem do pensamento que, por sua vez, supõe a entrada em ação de três princípios.

O circuito recursivo ou autoprodutivo que rompe com a causalidade linear[13] é o primeiro princípio. Este circuito implica num processo no qual efeitos e produtos são necessários à sua produção e à sua própria causação. Nós mesmos somos,

---

13. Ver *O método I — A natureza da natureza,* p. 182 (A produção-de-si [a curva e a abertura]); assim como a p. 257 (A emergência da causalidade complexa).

aliás, os efeitos e os produtos de um processo de reprodução. Mas somos também seus produtores, porque, se assim não o fosse, o processo não poderia continuar. Além do mais, uma sociedade é o produto das interações entre os indivíduos que a compõem. Desta sociedade emergem qualidades como a língua ou a cultura que retroagem sobre os produtos, produzindo indivíduos humanos. De modo semelhante, deixamos de ser apenas primatas graças à cultura. A causalidade é representada de agora em diante por uma espiral. Ela não é mais linear.

Um pouco diferente da dialética, a dialógica é o segundo princípio. É preciso, em certos casos, juntar princípios, ideias e noções que parecem opor-se uns aos outros. Heráclito já havia enfaticamente afirmado há mais de 2500 anos: "viver de morte, morrer de vida". Esta ideia absolutamente paradoxal se esclarece hoje. Diz-se que em cada ser vivo, as moléculas se degradam, que as células produzem novas moléculas, que as células morrem e são substituídas pelo organismo, que o sangue propulsionado pelos batimentos do coração desintoxica as células. De modo incessante, um processo de rejuvenescimento se opera por meio da morte de nossas partes constituintes. Podemos, assim, muito racionalmente, explicitar a formulação heraclitiana. Neste contexto, o princípio dialógico é necessário para afrontar realidades profundas que, exatamente, unem verdades aparentemente contraditórias. Pascal reiterava que o contrário de uma verdade não é um erro; mais sim uma verdade contrária. De forma mais sofisticada, Niels Bohr considerava que o contrário de uma verdade profunda não é um erro mas uma outra verdade profunda. Em contrapartida, o contrário de uma verdade superficial é um erro imbecil.

Denominei hologramático o terceiro princípio, em referência ao ponto do holograma que contém a quase totalidade da informação da figura representada. Não apenas a parte está no todo mas o todo está na parte. Do mesmo modo, a totalidade de nosso patrimônio genético está contida no interior de cada célula do corpo. A sociedade, entendida como um todo, também se encontra presente em nosso próprio interior, porque somos portadores de sua linguagem e de sua cultura. Essa é uma visão que também rompe com os antigos esquemas simplificantes.

A reforma do pensamento é paradigmática

A reforma da estrutura de pensamento é de natureza paradigmática, porque concerne aos princípios fundamentais que devem governar todos nossos discursos e teorias. Até o presente momento, o paradigma dominante e ao qual obedecemos cegamente é um paradigma de disjunção e de redução.[14] No ser humano, por exemplo, existe um aspecto biológico, encarnado pelo cérebro, e um aspecto cultural, ligado ao espírito.

---

14. Para uma apresentação sintética destes princípios, ver *Introdução ao pensamento complexo*. Paris: Éditions ESF, 1992.

Naturalmente, estes dois aspectos encontram-se separados. Estuda-se o cérebro nos departamentos biológicos e a mente nos departamentos psicológicos, sem jamais criar laços. Quanto mais se separa, mais se reduz. Foi assim que os sociobiólogos tentaram reduzir todos os comportamentos humanos aos das formigas ou dos primatas.

Em contrapartida, um paradigma de complexidade está fundamentado sobre a distinção, a conjunção e a implicação mútua. O cérebro implica a mente e reciprocamente. O espírito (mind) só pode emergir a partir de um cérebro situado no interior de uma cultura, assim como o cérebro só pode ser reconhecido por uma mente. Como sabemos, as transformações bioquímicas do cérebro afetam a mente, e esse fato pode desencadear doenças ou curas psicossomáticas no próprio cérebro.

A aprendizagem da religação

A missão primordial do ensino supõe muito mais aprender a religar do que aprender a separar, o que, aliás, vem sendo feito até o presente. Simultaneamente é preciso aprender a problematizar.

Penso, por exemplo, na laicidade. Muito frequentemente, acredita-se que a forma historicamente fecunda que a laicidade assumiu na França é idêntica à sua forma original. É preciso reconhecer que esta forma de laicidade desenvolveu-se nas condições históricas específicas da Terceira República.

Na realidade, a laicidade remonta à Renascença, quando se ressuscitou a interrogação sobre a natureza, o homem, a vida e sobre Deus. Esta problematização tomou um outro rumo na época das Luzes.

A laicidade deve hoje reinterrogar o que, no início do século XX, foi sua crença na ciência, na técnica, no progresso. Isto não significa que seja preciso rejeitar a ciência ou a técnica; é preciso simplesmente reconhecer as ambivalências e as formas cegas e dominadoras que elas produzem.

Religar e problematizar caminham juntos. Se eu fosse professor, tentaria religar as questões a partir do ser humano, mostrando-o em seus aspectos biológicos, psicológicos, sociais. Desse modo, poderia chegar às disciplinas, mantendo nelas a relação humana e, assim, atingir a unidade complexa do homem.

Penso no que dizia meu amigo, o astrofísico Michel Cassé. Durante um banquete, um famoso enólogo lhe havia perguntado o que um astrofísico via em sua taça de bordeaux. Ele respondeu: *"Vejo o nascimento do universo já que vejo as partículas que se formaram nos primeiros segundos. Vejo o sol anterior ao nosso já que os átomos de carbono se formaram no interior da forja deste sol que explodiu. Depois o carbono chegou nesta espécie de lata de lixo cósmica que foi a origem da Terra. Vejo também a formação de macromoléculas. Vejo o nascimento da vida, o desenvolvimento do mundo vegetal, a domesticação da vinha nos países mediterrâneos. Vejo o desenvolvimento da técnica moderna que permite hoje controlar de forma eletrônica a temperatura de fermentação nas cubas. Vejo toda a história cósmica e humana nessa taça de vinho".* Em resumo, o que ele via era uma taça de um sublime vinho bordeaux.

Sem ter de pensar em tudo isso toda vez que bebemos uma taça de vinho, é necessário religar, assim como reconhecer nosso lugar no universo. Tornamo-nos relativamente estrangeiros neste universo. Somos diferentes dos animais pela consciência, pela cultura e por nossa vontade de conhecer. Queremos, assim, tentar construir uma sociedade um pouco menos inumana, fundamentada em relações um pouco menos ignóbeis.

A aprendizagem da complexidade

A coerência do pensamento complexo contém a diversidade e também permite compreendê-la. Adiro ao que possa ser dito sobre a diversidade de psicologias e das heranças culturais. Entretanto, a diversidade deve ser pensada e fundada sobre a coerência e a compreensão. Penso que a missão de aprender a religar e a problematizar representa um retorno a uma missão fundamental à qual já me referi. Acrescento que a religação constitui de agora em diante uma tarefa vital, porque se funda na possibilidade de regenerar a cultura pela religação de duas culturas separadas, a da *ciência* e a das *humanidades*.

Esta religação nos permite contextualizar corretamente, assim como refletir e tentar integrar nosso saber na vida. Bem entendido, isso não fornece a receita infalível para todo problema. De qualquer forma, estamos inseridos na incerteza. Existem, entretanto, respostas e estratégias contra a incerteza. Como não estamos certos de ter êxito, enfrentamos um desafio, como Pascal, que havia compreendido muito bem que a existência de Deus não seria provada, nem lógica nem empiricamente. Nós também, laicos que somos (no sentido da Renascença), devemos apostar em nossas crenças na fraternidade e na liberdade.

A aprendizagem do amor

Para concluir, vou narrar-lhes o episódio de Panúrgio, personagem central de Gargântua e Pantagruel, e dos granizos que, recentemente, me foi contado por uma amiga professora. Os granizos caem sobre o pobre Panúrgio e o derrubam. Quando os granizos caem na terra, começam a se liquefazer. Panúrgio se dá conta de que eram palavras congeladas. Não se trata de descongelar as palavras do ensino mas de reaquecê-las. Como Platão o disse há muito tempo: para ensinar é necessário o eros. O eros não se resume apenas ao desejo de conhecer e transmitir, ou ao mero prazer de ensinar, comunicar ou dar: é também o amor por aquilo que se diz e do que se pensa ser verdadeiro. É o amor que introduz a profissão pedagógica, a verdadeira missão do educador.

A democracia cognitiva e a reforma do pensamento

Nossas sociedades defrontram-se com um imenso problema decorrente do desenvolvimento desta enorme máquina na qual ciência e técnica encontram-se intimamente associadas e que, atualmente, denomina-se tecnociência. Ela não produz apenas o conhecimento e a elucidação, mas também a ignorância e a cegueira. Os desenvolvimentos disciplinares das ciências não trouxeram apenas as vantagens da divisão do trabalho, mas os inconvenientes da superespecialização, do fechamento e do fragmentamento do saber. Este último tornou-se cada vez mais esotérico (acessível aos poucos especialistas) e anônimo (concentrado nos bancos de dados), depois utilizado desde instâncias anônimas ao primeiro chefe de Estado. Do mesmo modo, o conhecimento técnico está reservado aos especialistas, cuja competência num domínio fechado se acompanha de uma incompetência, quando este domínio é parasitado por influências exteriores ou modificado por um acontecimento novo. Em tais condições, o cidadão perde o direito ao conhecimento. Ele tem o direito de adquirir um saber especializado fazendo estudos *ad hoc*, mas está despossuído, tanto quanto qualquer outro cidadão, de qualquer ponto de vista englobante e pertinente.

Se ainda é possível discutir num bar sobre a condução da máquina do Estado, não é mais possível compreender o que desencadeou o *crash* de Wall Street, assim como o que impede o *crash* de provocar uma crise econômica mais ampla.

Além disso, os próprios especialistas encontram-se profundamente divididos sobre que diagnósticos e políticas econômicas devem ser seguidos. Se era possível acompanhar a Segunda Guerra Mundial com as bandeirinhas sobre o mapa, não é mais possível conceber os cálculos e simulações dos computadores que efetuam os cenários da futura guerra mundial. A arma atômica privou totalmente o cidadão da possibilidade de pensá-la e controlá-la. Sua utilização está entregue à decisão pessoal do chefe de Estado sem consulta a nenhuma instância democrática regular. Quanto mais a política se torna técnica, mais a competência democrática regride.

O problema não envolve apenas a crise ou a guerra, mas também a vida quotidiana. Todo espírito culto podia até o século XVIII refletir sobre os conhecimentos sobre Deus, sobre o mundo, a natureza, a vida, a sociedade, e, assim, configurar a interrogação filosófica que, contrariamente ao que creem os filósofos confessionais, é uma necessidade de todo indivíduo, pelo menos até o momento em que as constrições da sociedade adulta o adulterem. Exige-se hoje que cada um creia que sua ignorância é boa, necessária, deixando-a cada vez mais entregue a programas de TV, nos quais especialistas eminentes lhe oferecem algumas lições divertidas.

A privação do saber, muito mal compensada pela vulgarização midiática, coloca na ordem do dia o problema histórico-chave da democracia cognitiva. A continuação desse cego processo tecno-científico atual, que escapa à consciência e à vontade própria dos cientistas, conduz a uma regressão forte da democracia. Para esse caso, não há política imediata a ser posta em prática, mas, sim, a urgência de uma tomada de consciência política da necessidade de trabalhar em prol de uma democracia cognitiva.

Torna-se efetivamente impossível democratizar um saber fechado e esoterizado por sua própria natureza. É cada vez mais possível admitir uma reforma de pensamento que permita enfrentar o imenso desafio que nos encurrala com a seguinte alternativa: ou continuamos a sofrer o bombardeio de inumeráveis informações que nos chegam em avalanche quotidianamente pelos jornais, rádios, TV, ou então passamos a confiar nos sistemas de pensamento que retêm apenas as informações daquilo que os confirma ou lhes é inteligível, rejeitando como erro ou ilusão tudo o que lhes desmente ou lhes é incompreensível. Este problema se coloca não somente para o conhecimento cotidiano do mundo, mas também para o conhecimento de todas as coisas sociais e para o conhecimento científico em si mesmo.

Uma tradição de pensamento bem enraizada em nossa cultura que molda os espíritos desde a escola elementar e nos ensina a conhecer o mundo por meio de "ideias claras e independentes". Esta mesma tradição nos estimula a reduzir o complexo ao simples, a separar o que está ligado, a unificar o que é múltiplo, a eliminar tudo o que traga desordens ou contradições para nosso entendimento. O problema crucial de nosso tempo é o da necessidade de um pensamento apto a enfrentar o desafio da complexidade do real, isto é, de perceber as ligações, interações e implicações mútuas, os fenômenos multidimensionais, as realidades que são, simultaneamente, solidárias e conflituosas (como a própria democracia que é o sistema que se nutre de antagonismos regulando-os). Pascal já havia formulado o imperativo de pensamento que seria preciso introduzir, atualmente, em todo nosso ensino, a começar pelo maternal.

Ciências avançadas como as ciências da Terra, a Ecologia, a Cosmologia vêm rompendo com o velho dogma reducionista de explicação pelo elementar, passando a levar em consideração sistemas complexos nos quais as partes e o todo se produzem e se organizam entre si e, no caso da Cosmologia, constituem uma complexidade que está além de todo sistema.

Mais ainda: princípios de inteligibilidade já se formaram, aptos a conceber a autonomia, a noção de sujeito, e mesmo a liberdade, o que era impossível segundo os paradigmas da ciência clássica. De modo simultâneo, o exame da pertinência dos princípios tradicionais de inteligibilidade já se iniciou: a racionalidade e a cientificidade exigem redefinição e complexificação. Isso não diz respeito apenas aos intelectuais, mas igualmente, à nossa civilização: tudo o que foi efetuado em nome da racionalização e que conduziu à alienação do trabalho, às cidades-dormitórios, a resumir a vida ao trinômio andar de metrô-trabalhar-dormir, aos lazeres em série, às poluições industriais, à degradação da biosfera, à onipotência dos Estados-Nações dotados de armas de aniquilamento, será que tudo isso é verdadeiramente racional? Não é urgente reinterrogar uma razão que produziu ela mesma seu pior inimigo, que é a racionalização?

A necessidade de uma Reforma de pensamento é muitíssimo importante para indicar que hoje o problema da educação e da pesquisa encontram-se reduzidos a termos meramente quantitativos: "maior quantidade de créditos", "mais professores", "mais informática". Mascara-se, com isso, a dificuldade-chave que revela o fracasso de todas as reformas sucessivas do ensino: não se pode reformar a instituição sem ter previamente reformado os espíritos e as mentes, mas não se pode reformá-los se as instituições não forem previamente reformadas. Deparamo-nos aqui com o velho problema colocado por Marx na terceira tese sobre Feuerbach sobre quem educaria os educadores.

Não há resposta propriamente lógica para esta contradição, mas a vida é sempre capaz de trazer soluções a problemas logicamente insolúveis. Não se pode programar e nem mesmo prever, mas se pode identificar e provocar reações. A própria ideia da Reforma poderá reunir espíritos diversos, reanimar espíritos resignados, suscitar proposições. Do mesmo modo que há boas vontades latentes para a solidariedade, há uma vocação missionária latente no corpo docente; muitos aspiravam encontrar o equivalente atual da vocação missionária da laicidade no início da Terceira República. Com certeza não devemos mais opor as Luzes aparentemente racionais a um obscurantismo julgado como fundamentalmente religioso. Devemos opor-nos à inteligência cega que conseguiu em toda parte obter quase todos os postos do poder. Devemos reaprender a pensar: tarefa de salvação que começa por si mesma.

Será preciso muito tempo, debates, combates, esforços para dar forma à revolução que começa a se efetivar aqui e ali na desordem. Poder-se-ia acreditar que não há nenhuma relação entre este problema e a política de um governo. O desafio da complexidade do mundo contemporâneo constitui um problema-chave do pensamento e da ação política.

3

A propósito dos sete saberes

Entro agora no domínio dos sete saberes. Trata-se do resultado, embora não seja o último, de uma trilogia pedagógica iniciada pela experiência sobre a reforma dos conteúdos do ensino secundário, que me levou a refletir para além deles. Como supunha, minhas ideias não produziram nenhum resultado concreto (eu bem que duvidava disso), mas, no transcorrer desta experiência, organizei uma dezena de jornadas temáticas, cada uma delas centrada sobre um grande tema que permitia religar as disciplinas.[1] O tema da primeira foi o Universo, e isso porque o universo permite religar as diferentes disciplinas da Física no seio de diferentes concepções do mundo, ou cosmologias, que elas mesmas fazem colaborar com as disciplinas separadas. A Terra foi o tema da segunda jornada. Vida, Humanidade, Literatura foram os temas seguintes. Tratava-se de mostrar que era possível enquadrar as disciplinas, e de religá-las, com as noções que dizem respeito a cada um de nós (Quem somos? Quem somos nós, humanos? O que é

---

1. Edgar Morin. Jornadas Temáticas (1998, Paris, França). *A religação dos saberes*: o desafio do século XXI. Tradução e notas de Flávia Nascimento. Rio de Janeiro: Bertrand Brasil, 2001. 588 p. (N. T.).

o mundo? Nosso planeta? etc.), e também de religá-las. A aventura do cosmo talvez tenha tido seu início após o *big bang*, um momento explosivo a partir do qual formaram-se as primeiras partículas, seguido da formação dos núcleos dos átomos no seio das estrelas, o planeta Terra, as moléculas. Nosso aparecimento relaciona-se a tudo isso. Estamos na vanguarda desta aventura, mas, ao mesmo tempo, damos continuidade a esta aventura cósmica prodigiosa que começou há quinze bilhões de anos.

Num primeiro momento, a Unesco me pediu um texto que tivesse um caráter ecumênico, não centrado na França, uma reflexão geral sobre os problemas da educação para o século. Cheguei à conclusão de que existem sete buracos negros, no sistema de educação francês, não apenas no segundo grau ou na universidade, mas em todos os sistemas de educação conhecidos.

1. O conhecimento

Por incrível que pareça, o primeiro deles é o do conhecimento. Mesmo que o ensino consista em ensinar conhecimentos, não nos é dito jamais o que significa a palavra "conhecimento". O tema é estudado em Filosofia e Epistemologia por uma elite restrita, embora o problema interesse a todos, de crianças a cidadãos no sentido amplo. Nunca se tenta dizer o que é o conhecimento. Qual a importância disso? Quando olhamos para os séculos passados, dizemos: "que série de erros e ilusões". O que as pessoas acreditavam ser conhecimentos verdadeiros e certos eram apenas ilusões. O que hoje nos parecem ser conhecimentos verdadeiros e certos não são também ilusões? Quantos conhecimentos verdadeiros e certos sobre a União Soviética não se desintegraram? No decorrer do século XX, não ocorreu o mesmo com tantos outros acontecimentos?

O problema crucial do conhecimento reside no erro e na ilusão? Por que os dois problemas encontram-se ligados? Graças aos trabalhos das neurociências, sabemos cada vez mais que um conhecimento, uma percepção não é uma fotografia do mundo exterior. Uma percepção visual é o fruto da transformação de fótons, de estímulos luminosos sobre miríades de células que se encontram em nossa retina. Esses estímulos são codificados de modo binário e atravessam o nervo óptico, sofrem diferentes transformações em nosso cérebro para nos fornecer uma representação, uma percepção. Evidentemente, não somos conscientes disso. O conhecimento é uma tradução seguida de uma reconstrução. Hoje podemos apenas transcodificar uma parte dos raios luminosos, e isso porque o infravermelho e o ultravioleta não são acessíveis aos nossos olhares, do mesmo modo que não conseguimos ouvir infrassons e ultrassons. Um outro exemplo: em virtude do princípio da estabilidade cognitiva, pessoas que se encontram sentadas nas últimas filas são minúsculas na minha retina, enquanto as das primeiras são bastante grandes. Não as vejo como pessoas pequenas porque minha constância perceptiva restabelece a mesma dimensão para todos. Dito de outro modo, há um trabalho que se efetiva. Além disso, geralmente, nossa percepção contém uma parte alucinatória na qual reconstituímos objetos e seres que percebemos. Quando lemos um texto impresso, na realidade, nosso olho não varre todas as letras do texto, mas salta de um pacote de letras a outro, podendo até mesmo enganar-se. Para dar um exemplo bastante trivial de alucinação, recentemente, eu andava pela rua e senti vontade de urinar. Subitamente, vi uma gigantesca tabuleta na qual estava escrito "banheiro". Fiquei então tomado pela emoção, mas quando me aproximei dela li "luminária".[2] O que ocorreu foi que eu projetei minha necessidade sobre minha percepção até transformá-la.

A percepção é uma tradução, mas as próprias palavras são, igualmente, traduções de traduções e de reconstruções, discursos, teorias do mesmo. Podemos denominar de "idealista" essa tendência que possuímos de assumir as ideias como se elas fossem a realidade, mesmo que a filosofia sempre nos recomende prestar atenção para o fato de que as ideias não são apenas um mediador, mas também um filtro para a realidade.

O problema do conhecimento é muito importante e é necessário ensinar que todo conhecimento é tradução e reconstrução. Além disso, um conhecimento é marcado pelo que pode ser chamado *"imprinting"* cultural. Desde o nascimento, as crianças sofrem esse *"imprinting"*, por intermédio das prescrições e proibições dos pais. Pela linguagem, a escola ensina uma certa quantidade de conhecimentos, isso explica que um certo número de ideias pareça evidente. As ideias rejeitadas são consideradas como tolas, estúpidas ou perigosas. Nas sociedades autoritárias, religiosas, o desviante é liquidado

---

2. "urinoir" e "luminaire", no original (N. T.).

fisicamente. Giordano Bruno foi queimado no Campo de Fiore, em Roma. Apesar de uma certa pluralidade em nossos países, a normalização sempre se encontra presente. Embora os desviantes não sejam mais eliminados fisicamente, não se fala mais deles. Esse "imprinting" sobre o conhecimento, que nos impõe uma visão de mundo, é puramente cultural, e isto não quer dizer que ele não seja fundado sobre uma experiência verdadeira.

Possuímos também o que se convenciona denominar de paradigmas. Esta noção é empregada nos sentidos os mais diversos. Emprego-a num sentido intermediário encontrado na linguística estrutural de Jakobson. Para ele, o nível do paradigma é aquele no qual se escolhe as palavras e o nível do sintagma é o nível da série falada, do discurso. O sentido em que emprego a palavra paradigma é o nível que determina a escolha da visão de mundo em função de um princípio lógico que une conceitos fundamentais. Por exemplo, se tomamos a ideia do humano e do natural, pode-se afirmar que há um paradigma que concebe a relação entre o humano e o natural pela redução de um ao outro. Os sociobiologistas ensinaram-nos que os genes determinam tudo: o altruísmo é geneticamente determinado, nossos comportamentos se assemelham aos dos macacos. Eles suprimem a parte humana que, no mínimo, possui grande interesse. Há, portanto, um paradigma da disjunção que, no lugar de fazer a redução do humano ao natural, afirma que tudo o que é humano só é compreendido pela eliminação do que é biológico. Este é o paradigma ainda reinante em nossa antropologia cultural. Eliminar o homem biológico em favor do homem cultural é uma visão igualmente mutilada. O paradigma da conjunção é mais completo pois reúne os dois, mostrando que há um circuito ininterrupto entre o que existe de natural em nós — nossos batimentos cardíacos, o sangue circulante que nos permite viver e pensar — e nós mesmos, que cuidamos de nosso corpo biológico para continuar a viver e pensar. Temos, assim, um certo número de princípios que se impõem ao pensamento. No pensamento ocidental, pode-se afirmar que há um grande paradigma que operou a disjunção entre o mundo da ciência, que se consagra aos fenômenos materiais, e o mundo do espírito que se consagra à liberdade e não obedece ao determinismo. Essa disjunção provocou a grande separação entre a cultura científica e o mundo da cultura das humanidades. Faz-se necessário, então, mostrar todos os pressupostos que regem o conhecimento.

Há um fenômeno que se pode denominar possessão pelas ideias. Podemos identificá-lo fisicamente em cultos como o vodu, por exemplo. Apelando aos fiéis, as quase-divindades chegam, baixam nos fiéis; uma dentre elas irá possuir uma ou outra pessoa, falando bruscamente por sua boca, modificando sua voz e sua intenção. Dito de outro modo, o fenômeno da possessão pelos deuses verifica-se concretamente nessas cerimônias. Mesmo em nossas religiões, nas quais esses fenômenos inexistem, é evidente que acreditamos na existência de nosso Deus, de nossos deuses ou de nossos santos. Imploramos, demandamo-lhes serviços e, em contrapartida, os adoramos e os cultuamos. Do mesmo modo, somos possuídos pelas ideias que acreditamos possuir. As ideias não são apenas instrumentos que servem para o conhecimento do mundo real.

Num dado momento, elas nos possuem, porque somos convencidos e ficamos prestes a morrer ou matar por elas, o que se verifica com frequência. Contrariamente a uma frase célebre de Lenin que dizia: "Os fatos são obstinados", penso que as ideias o são ainda mais, podendo mesmo ter razão sobre os fatos e ocultá-los integralmente.

Há um risco permanente de erros e ilusões. Ensinar àqueles que irão se defrontar com o mundo onde tudo passa pelo conhecimento, pela informação veiculada em jornais, livros, manuais escolares, Internet é algo de fundamental importância. É necessário também ensinar que o conhecimento comporta sempre riscos de erros e ilusões, e tentar mostrar quais são suas raízes e causas. Aqui reside o primeiro buraco negro, o primeiro pilar do que deveria ser uma educação que respondesse às nossas aspirações, não apenas de homens e mulheres do terceiro milênio, mas de seres humanos dos quais temos particularmente necessidade nesse início de milênio.

2. O conhecimento pertinente

O segundo buraco negro é o do conhecimento pertinente. Um conhecimento não é pertinente porque contém uma grande quantidade de informações. Ao contrário disso, nos damos conta de que, frequentemente, somos submergidos pela quantidade de informações transmitidas pela televisão. As informações sobre o amanhã anulam as de hoje. Além disso, o verdadeiro problema não é o da informação quantitativa, mas o da organização da informação. O conhecimento implica nisso. O poeta Eliot afirmava: "Qual é o conhecimento que perdemos na informação?" Como organizá-la? Não apenas pela sofisticação matemática. A economia é hoje uma ciência humana bastante sofisticada matematicamente, tendo inclusive vários prêmios Nobel. Esta ciência tem um poder muito fraco de previsão, pois os fenômenos econômicos não são compartimentos fechados. Encontram-se ligados a fenômenos políticos, sociais e outros. Na própria Economia, existem fenômenos de massa, loucura, pânico, que mudam bruscamente as cotações da bolsa. Esta ciência que se fundamenta em índices, que reduz tudo ao cálculo, isola-se do resto do mundo social. O amor, o desgosto, a dor, a alegria não são nunca quantificáveis. A economia não conhece o humano do humano. Esta é a razão pela qual, num dado momento, o Fundo Monetário Internacional impôs diretrizes a países como o Marrocos, a Tunísia, dentre outros, exigindo que se alinhassem à cotação mundial do trigo, ingrediente fundamental para o cuscuz. Os protestos que ocorreram nesses países são decorrência disso. Em outras palavras, o conhecimento pertinente não é fundado numa sofisticação, mas numa atitude que consiste em contextualizar o saber. Trata-se de uma aquisição da Psicologia cognitiva. Quando traduzimos uma língua estrangeira, deparamo-nos com palavras polissêmicas que sabemos identificar muito bem no dicionário. Elas possuem múltiplos sentidos, embora ignoremos o sentido exato que assumem na frase. Tentamos, então, adivinhar o sentido da frase para encontrar o sentido no qual a palavra é empregada. Em contrapartida, se possuímos o sentido preciso para uma ou outra palavra, tentamos inferir o sentido da frase. A palavra tem por contexto a frase e a frase tem por contexto o discurso, o texto. É a contextualização que sempre torna possível o conhecimento pertinente. Isto é verdade para todos os níveis da história. Para entender o caso do Kosovo, por exemplo, é preciso contextualizar a crise da ex-Iugoslávia, a crise do comunismo, ou ir ainda mais além, a situação dos Balcãs na história passada. O conhecimento pertinente tenta situar as informações num contexto global e, se possível, num contexto geográfico, histórico. Um outro exemplo: graças à ciência ecológica, nos demos conta de que a biosfera é um contexto para a aventura humana industrial e técnica. Tê-lo ignorado conduziu-nos à degradação da biosfera, algo extremamente perigoso para todos nós. O ensino realizado por meio de disciplinas fechadas nelas mesmas atrofia a atitude natural do espírito para situar e contextualizar.

Temos, portanto, a necessidade de ensinar a pertinência, ou seja, um conhecimento simultaneamente analítico e sintético das partes religadas ao todo e do todo religado às partes. Poder-se-ia supor que Pascal conhecesse as diferentes aquisições da microfísica, cosmologia e cibernética, quando reiterou a impossibilidade de se conhecer o todo sem as partes e vice-versa. Evidentemente, não se poderá conhecer a totalidade do universo, nem mesmo suas partes em detalhe, embora seja essa a tendência do conhecimento. Além disso, podemos apreender totalidades relativamente restritas, a começar pela realidade do nosso próprio planeta, levando cada vez mais em conta que nele há, cada vez mais, problemas transversais que recobrem as diferentes disciplinas e que não podem ser tratados separadamente por uma disciplina ou mesmo por um país. A relação entre o todo e as partes é extremamente importante. Já demos exemplo disso com o caso do Kosovo, um acontecimento singular que diz respeito à Sérvia e à população albanesa kosovar. Embora tenha ocorrido numa parte do globo, acabou por determinar uma mobilização de grande parte da totalidade a partir da intervenção da OTAN. Esta intervenção vai modificar a situação do Kosovo, embora a própria intervenção tenha sido provocada por essa situação. Este circuito de retroação entre as partes e o todo não é ensinado.

3. A condição humana

O terceiro buraco negro me deixa estupefato. Em nenhum lugar é ensinado o que é a condição humana, ou seja, nossa identidade de ser humano. Pode haver coisas parciais sobre aspectos fragmentários do humano, mas tudo se encontra desintegrado. Na universidade, identifica-se o homem biológico mediante o estudo do cérebro; o espírito é analisado pela psicologia, a cultura, as ciências das religiões formam o objeto da sociologia. Tudo isso encontra-se inteiramente separado, disjunto e desintegrado. O problema central "Quem somos nós?" encontra-se inteiramente ausente. Como podemos tratá-lo? Temos os elementos para fazer isso particularmente desde os anos sessenta, e isso porque desde essa época a cosmologia constituiu-se como conhecimento de um universo que tem uma aventura, uma história gigantesca. Somos apenas um minúsculo planeta de uma galáxia periférica, a via láctea, nossa terra. Graças à cosmologia, podemos nos situar no cosmo. As ciências da terra tentaram entender como, num dado momento, sobre esta mesma terra, submetida à convulsões, irrupções vulcânicas, formaram-se macromoléculas que criaram as primeiras unidades vivas. A teoria da evolução é um dos aspectos da Biologia que não pode ser verificável com nossos olhos, embora tenhamos multiplicado os indicadores que permitem contar essa história. Torna-se cada vez mais interessante poder supor que, a partir de seres unicelulares, houve a reunião de seres policelulares; alguns deles deram origem aos vegetais, outros, aos animais. Essa aventura propiciou a ramificação dos vertebrados que deu origem aos mamíferos que, por sua vez, produziram uma pequena ramificação que deu origem aos antropoides até a hominização. É desse modo que podemos nos situar no universo e na vida. Pode-se mesmo dizer que os progressos experimentados pela pré-história nos anos sessenta permitiram entender como saímos da natureza, como o processo simultâneo da bipedização, da cerebralização e da utilização das mãos desenvolveram-se. Podemos construir hipóteses não apenas sobre o fato de que a linguagem humana talvez tenha aparecido na época do *homo erectus*, mas, igualmente, como a cultura debutou com a linguagem, ou seja, como um processo natural ultrapassou a si mesmo enquanto processo cultural. Apesar disso, natureza e cultura permaneceram inseparáveis até o aparecimento do *homo sapiens*.

Infelizmente, as ciências humanas separam-se umas das outras. "Quem somos nós?". Temos uma natureza biológica, uma natureza social, uma natureza individual. A Sociologia mostra o destino social do ser humano, a Psicologia mostra seu destino individual, a História seu destino histórico, a Economia seu destino econômico que se desenvolve nos tempos modernos do ser humano. Tudo isso se encontra separado. Não somos um espelho do universo, mas em nossa singularidade — porque ultrapassamos a natureza — todo o universo encontra-se contido em nós. Justamente o que desenvolvemos como algo estranho, exterior à natureza, permite que conheçamos um pouco este universo.

Eis aqui outro problema muito interessante do conhecimento: para conhecer é necessário que haja alguma distância, ao mesmo tempo em que um pertencimento comum. Não poderíamos conhecer um universo que fosse constituído de componentes muito diferentes do nosso. Não podemos conhecer coisas, a não ser que sejam de nosso universo, embora devamos sempre estabelecer a devida distância. O autoconhecimento de si pode começar quando a reflexão nos objetiva em relação a nós mesmos. O imediato em si não permite o ato de conhecer e isso porque uma certa distância sempre se faz necessária. Foi a nossa cultura que nos forneceu a distância que tornou possível o conhecimento do universo. O matemático inglês Spencer Brown afirmava: "Suponhamos que o universo quisesse conhecer-se. Para isso, haveria necessidade de se puxar uma espécie de braço, de pedúnculo para fora dele mesmo, algo que tornasse possível o afastamento do próprio universo. Num dado momento, a extremidade deste braço, dotado de uma espécie de organismo cognitivo, de um cérebro, retornaria ao próprio universo para vê-lo. Com isso, ele teria sucesso em se conhecer, mas teria falhado porque tornar-se-ia estranho a si mesmo". Em outras palavras, sempre se falha exatamente no que se tem sucesso. Nosso destino é um pouco assim. Encontramo-nos neste universo e o conhecemos na medida em que somos estranhos a ele. O conhecimento da condição humana enquanto tal implica uma extraordinária unidade genética, anatômica e cerebral que permite a diversidade dos indivíduos, das personalidades, das psicologias e das culturas. A verdadeira complexidade humana só pode ser pensada na simultaneidade da unidade e da multiplicidade.

O conhecimento da condição humana não se resume às ciências, contrariamente ao que se diz. A literatura e a poesia desempenham um grande papel nesse conhecimento. Qual a superioridade do romance sobre as ciências sociais? O romance, no sentido dos grandes romances do século XIX dá vida a indivíduos, a sujeitos. Por vezes mesmo, o romancista penetra no interior de sua própria mente e conta seus pensamentos. Faulkner penetra no monólogo interior de seus personagens que vivem num mundo preciso, num contexto com seus hábitos, suas classes sociais, sua situação, seu ciúme, seu ser, seu amor, sua mágoa. O romance refere-se à condição humana, que as ciências sociais nunca conseguem enxergar; fala de nossas vidas, paixões, emoções, sofrimentos, alegrias, das relações com o outro e com a História. Foi isso que Balzac, Tolstói, Proust fizeram. Dostoiévski fez o mesmo com seus personagens que vivem em planos separados, mesmo sendo os mesmos. A literatura desempenha um papel fundamental, e é necessário não se satisfazer apenas com as ciências. Quanto à poesia, ela não é apenas uma iniciação a uma qualidade própria das obras poéticas, que nos põem em contato com fantásticos estados de maravilhamento. Ela é uma iniciação à qualidade poética da vida. Uma coisa ainda não foi dita: a vida é uma alternância e, por vezes, uma mistura de prosa e poesia. O que é a prosa? São as coisas mecânicas, cronométricas que nos obrigamos a fazer para ganhar a vida. O que é a poesia? Momentos de intensidade, comunhão, amor, alegria e prazer que podemos experimentar também nas festas, nos jogos de futebol. Hölderlin afirmava com muita propriedade: "O homem habita poeticamente a terra". Seria necessário acrescentar a essa afirmação: Poética e prosaicamente. A prosa nos ajuda a sobreviver, mas a poesia é a própria vida.

O ser humano sempre foi concebido de modo mutilado. Diz-se *homo sapiens*, dotado de razão, mas o homem é também delirante. Castoriadis adorava dizer que o homem é este animal louco, cuja loucura criou a razão. *Homo é sapiens e demens*. Vê-se nessas duas polaridades que não há fronteiras nítidas entre o delírio e a razão. Frequentemente, no limite da loucura existe a genialidade como em Nietzsche. O homem não é apenas *faber*, fabricador de instrumentos. É também um ser lúdico, *homo ludens,* como escreveu o pensador holandês Huizinga. O jogo não se resume ao jogo das crianças. Amamos também o futebol, os jogos de azar, as corridas, a loto. O sentimento lúdico nos acompanha em toda nossa vida e aqueles que não o possuem têm uma vida inacreditavelmente triste. O homem não é apenas *homo economicus,* mas também *homo mythologicus*. Vivemos de mitologia, sonhos, imaginário. Essa é a concepção complexa do ser humano. Esse é naturalmente meu ponto de vista, mas o que acredito que esteja aquém e além dele é a necessidade de inscrever a possibilidade do estudo da condição humana na religação dos conhecimentos e das disciplinas.

4. A compreensão humana

O quarto ponto diz respeito à compreensão humana. Em nenhum lugar é ensinado a compreendermos uns aos outros.

Inicialmente é conveniente distinguir explicação de compreensão. A explicação entende o ser humano como objeto que pode ser conhecido através de meios objetivos: fulano mede 1,73 m, pesa 74 kg, tem um nariz assim, a pele amarelada, nuanças que podem ser obtidas por indicadores morfológicos identitários. Pode-se, assim, reunir uma série de traços objetivos. A compreensão é outra coisa. Ela visa entender o ser humano não apenas como objeto, mas também como sujeito. Nós o conhecemos enquanto sujeito por meio de um esforço de empatia ou de projeção. Por exemplo, quando alguém chora, compreendemos que ele pode estar sofrendo. Não iremos perguntar o que se passa com ele examinando o grau de salinidade de suas lágrimas. Compreendemos a tristeza de uma criança que chora porque nós mesmos fomos crianças que chorávamos. De modo semelhante, compreendemos o que ocorre no Kosovo ou na Chechênia, mas se formos indiferentes não compreenderemos nada.

Sofremos de uma carência de compreensão. Certamente é muito difícil compreender pessoas de culturas diferentes da nossa, embora alguns manuais possam nos auxiliar. É surpreendente que familiares, vizinhos, parentes, casais, pais e filhos não se compreendam entre si. Tem-se a impressão que a incompreensão se desenvolve com nosso individualismo, em vez dele nos ajudar a compreender a nós mesmos, como se o individualismo desenvolvesse uma espécie de autojustificação egocêntrica permanente. Daí decorre a tendência a sempre relançar a culpa sobre o outro. Observamos isso muito bem nas querelas entre gêmeos durante o recreio, ou nas cenas domésticas de casais. Cada um retém apenas a palavra ofensiva pronunciada pelo outro e esquece a sua, como se ela fosse apenas uma resposta à agressão do outro.

Possuímos processos de autojustificação e de cóleras que nos permitem expulsar do outro e, ao mesmo tempo, eliminar em nós mesmos qualquer lucidez. Os ingleses denominam esse processo de "self-deception", ou seja, incessantemente mentimos para nós mesmos para fazer bonito, para nos agradarmos, eliminando o que é desagradável. Por isso mesmo, reduzimos o outro a suas características negativas. Cito frequentemente uma frase de Hegel, mesmo que muitos o considerem um filósofo sistemático abstrato, embora possuísse um sentido extraordinário do concreto. "Aquele que trata como um mero criminoso alguém que cometeu um crime reduz todo o resto de sua personalidade, tudo o que ele poderia ter feito a esse único crime". Hegel nos convida a ver o conjunto de uma personalidade e não apenas o ato negativo que um indivíduo possa ter cometido. Esta tendência a reduzir o outro ao que ele tem de pior é muito desenvolvida.

Além disso, há a indiferença. Não se olha, não se presta atenção, permanece-se frio. A literatura e, de modo mais explícito, o cinema podem nos ajudar aqui. Por quê? Porque existe uma fascinação muito grande num espetáculo cinematográfico. Muitos observadores reiteraram que os espectadores na sala escura encontram-se numa espécie de semi-hipnose e alienação. Esquecem-se deles mesmos, projetam-se nas histórias e nos heróis que aparecem, vivem, amam e sofrem na tela. Esquecemos a parte mais importante de tudo isso. Quando estamos no cinema, acordamos para a compreensão do outro e de nós mesmos. O vagabundo abominável que não olhamos na rua, passa a ser amado quando o vemos sob o personagem de Charles Chaplin. Chora-se por ele, ama-se Chaplin, enquanto que, na rua, seríamos capazes de virar as costas para um indivíduo que cheira mal. Os gângsteres, os chefes mafiosos, os reis de Shakespeare, os Raskolnikov não são redutíveis a seus atos. É curioso que ao cinema, assim como ao romance, correspondam surtos de compreensão. O que torna verdade as palavras de Heráclito: "Eles dormem embora estejam acordados". Quando se dorme no cinema, acorda-se para a realidade. Esse fato nunca foi considerado pelo cinema contemporâneo.

Para compreender o outro, é preciso compreender a si mesmo. A literatura nos fornece grandes lições sobre isto. O autoexame de Montaigne, por exemplo, é um exercício mediante o qual ao compreender melhor a si mesmo, compreende-se melhor o outro. Montaigne foi o único em sua época a pensar que nas civilizações indígenas das Américas havia valores e não apenas superstições e erros. O autoexame existe, assim como a introspecção, palavra hoje em dia bastante repudiada. Deve-se recomendar às pessoas que façam autoanálise. Com certeza, a psicanálise é um bom método, mas é o psicanalista, depositário de um saber, quem vai permitir ao paciente descobrir finalmente seu segredo escondido.

Se é evidente que não se tem sempre necessidade do outro para se conhecer a si próprio, é impossível que isso seja feito isoladamente em compartimentos fechados. O exercício do autoconhecimento é uma necessidade interna. O ensino da compreensão é crucial, se estivermos de acordo sobre a ideia de que o mundo encontra-se devastado pela incompreensão e que o progresso humano, por menor que seja, não pode ser imaginado sem o progresso da compreensão.

5. A incerteza

O quinto buraco negro é a incerteza. Aprender e enfrentar a incerteza. O que se ensina são as certezas. Ainda que as ciências tenham nos ensinado certas coisas como, por exemplo, que não se pode saber, ao mesmo tempo, a posição e a velocidade das partículas. Na termodinâmica, as relações de incerteza de Heinsenberg nos ensinam que não se pode conhecer a posição de uma molécula ou de um gás. Permanece, porém, a ideia de que só as certezas devem ser ensinadas. No mundo mecanicista de hoje, o determinismo foi abalado e a ciência moderna tem de negociar com o incerto.

Na termodinâmica, Prigogine detectou fenômenos de bifurcação no mundo físico. Num dado momento, encontram-se em jogo fatores de influências mútuas, sendo suficiente um fator infinitesimal para que um processo caminhe mais por um caminho do que pelo outro. A história humana sempre nos mostrou bifurcações históricas, principalmente em épocas de guerra, fenômeno que se tornou muito frequente na história da humanidade. No tempo das Guerras Médicas, Atenas poderia ter sido destruída em duas batalhas pelos persas. Não o foi e esse fato permitiu o nascimento da democracia e da Filosofia. Não faltam exemplos na História. Nos dias atuais, a história da vida e a complexidade das espécies não pode ser entendida de modo linear.

Sabemos da existência de três grandes extinções das espécies até o final do secundário. Com alta probabilidade de terem realmente acontecido, a última delas foi provocada pela queda de um aerólito em conjunção com uma grande irrupção que provocou o escurecimento do céu e acabou com a vegetação que servia de alimento aos dinossauros. Sua extinção favoreceu o desenvolvimento de pequenos mamíferos de rapina que são os nossos ancestrais. A História da vida e a própria história humana são pontuadas por cataclismos e fenômenos desse tipo. Acaba-se por esquecer que os grandes impérios da Antiguidade, que pareciam quase eternos, foram também destruídos, vítimas de catástrofes a começar pelo Império Romano, nos séculos I, II e III de nossa era. Além disso, há cataclismos civilizacionais como, por exemplo, a chegada de alguns espanhóis no México asteca, que provocou a destruição de um império muito rico e poderoso. Naquela época, o México era uma cidade muito mais importante do que Madri, Londres ou Paris. Poderia citar também os Incas do Peru. Mais próximo a nós, durante a Segunda Guerra Mundial, a Alemanha desencadeou uma ofensiva em junho de 1941 contra a União Soviética. Penetrou facilmente na região, enclausurou os exércitos russos, destruiu a aviação e, com isso, chegou às portas de Moscou e do Cáucaso. A chegada de um inverno particularmente precoce e rigoroso imobilizou o exército alemão. Suas linhas telefônicas foram desligadas, os motores se enregelaram e os equipamentos que necessitavam de calor paralisaram. Neste momento, Stalin confiou num espião que lhe informou que os japoneses não atacariam a Sibéria. Com isso, ele enviou para Moscou novas tropas vindas do Extremo Oriente, desencadeando uma ofensiva soviética que afastou os exércitos alemães para além dos limites dos duzentos quilômetros, acabando por liberar Moscou que deveria ter caído como uma fruta madura. Por que Hitler retardou em um mês a ofensiva sobre a URSS, prevista para maio? Retardou porque houve em Belgrado um golpe de Estado contra o acordo que o regente Paulo havia concluído com a Alemanha hitlerista a fim de deixar passar por lá as tropas alemãs, que iriam para a Grécia prestar auxílio a Mussolini. Neste momento, a Sérvia denunciou o pacto, a aviação alemã bombardeou Belgrado e lançou uma ofensiva contra a resistência sérvia que durou um mês. Esses exemplos são mais do que suficientes para se reconhecer a necessidade de se ensinar os fundamentos da incerteza.

Além disso, a ecologia da ação é algo também importante. Uma ação não obedece nunca às intenções daqueles que a fazem. Ela penetra no meio social e cultural, no qual muitos outros fatores estão em jogo. Essa ação pode ter seu sentido deturpado e, muitas vezes, revertido contra a intenção de seus proponentes. O grande historiador Georges Lefebvre,[3] que foi meu professor nesta área, explicava que na época de Luís XVI, uma reação aristocrática pretendia reconquistar os privilégios perdidos da monarquia absoluta. Lançaram, então, a ideia dos Estados Gerais, porque quando eles eram convocados na França monarquista havia sempre uma maioria do clero e da nobreza. O que ocorreu foi uma reversão desse processo, quando o Terceiro Estado, mais numeroso, decidiu que as votações seriam por cabeça e não mais por ordem. Recusando-se a obedecer, o processo revolucionário avançou, provocando a perda dos privilégios que os nobres pretendiam salvar. Muito mais próximo de nós, esse mesmo fato voltou a ocorrer, quando o presidente da República dissolveu a Assembleia Nacional supondo que teria uma maioria consolidada. É evidente que sua intenção voltou-se inteiramente contra ele. Os exemplos poderiam ser mais numerosos, pois o aparecimento do inesperado merece ser enfatizado. Eurípedes nos disse isso pelo menos duas vezes: no final de *Alceste* e ao término das *Bacantes*, quando o Corifeu afirma: "Deus nos criou muitas surpresas pois o inesperado acontece e o que não é esperado chega". Jamais se deu ouvidos a estas palavras, nem mesmo durante a época do determinismo. O inesperado irrompe cada

---

3. G. Lefebvre (1874-1959), historiador francês, estudou a Revolução Francesa, analisando as estruturas sociais e os fatos econômicos que caracterizavam a França rural (N. T.).

vez mais quando perdemos o sentido do futuro. Os institutos encarregados de tendências prospectivas sempre falharam. O que se pode prever para o milênio? Nada, a não ser o incerto.

A aquisição da incerteza é uma das maiores conquistas da consciência, porque a aventura humana, desde seu começo, sempre foi desconhecida. As grandes civilizações tradicionais acreditavam num ciclo permanente de reconstituição, dado o caráter rotativo do tempo. Com o tempo do progresso, passou-se a pensar num tempo ascensional. O tempo rotativo teve apenas um tempo e o tempo ascencional desmoronou. Isto não quer dizer que não haverá progresso, mas que este progresso depende de inúmeras condições e, sem dúvida, de muita paciência e boa vontade. É preciso ensinar também que sabemos hoje que a aventura humana é desconhecida e que dispomos apenas de dois instrumentos para enfrentar o inesperado: o primeiro é a consciência do risco e do acaso. Trata-se de assumir o desafio de Pascal nos domínios da cultura, da liberdade e da fraternidade. O segundo instrumento é a estratégia e isso implica ser capaz de modificar o comportamento em função das informações e dos conhecimentos novos que o desenvolvimento da ação nos propicia.

6. A era planetária

O sexto buraco negro no ensino concerne ao que se poderia chamar a era planetária, denominada por muitos de "tempos modernos". Seu maior objetivo seria fazer com que tomássemos consciência do que se passou desde o fim do século XV, com a viagem de Cristóvão Colombo, a *Circum Navigatio* de Vasco da Gama e, alguns anos mais tarde, com a ideia copernicana de que a Terra é apenas um planeta que não se situa no centro do mundo. Esta era planetária desenvolveu-se do pior modo com a colonização, a escravidão, a dominação do mundo pelo Ocidente. Marx afirmava que a história progrediu pelo pior lado. Este fenômeno acentuou-se no século XX com a grande crise provocada pelas duas guerras mundiais e, na segunda metade com a multiplicação das comunicações e a expansão do Mercado mundial sob a égide do neoliberalismo. É preciso compreender que a mundialização é apenas a etapa tecnoeconômica de um fenômeno que começou muito antes.

Se se começa a tomar cada vez mais consciência dessa expansão tecnoeconômica que se espalha por todo o planeta, torna-se igualmente necessário compreender que vivemos numa era planetária constituída por uma comunidade de destinos sobre a Terra. Com a dispersão das armas nucleares um perigo de morte passou a pairar sobre a humanidade como um todo. As consequências desastrosas da degradação da biosfera representa uma segunda ameaça. Isso significa que vivemos numa comunidade de destino, sem falar nos problemas comuns que não são apenas econômicos, e que concernem à droga ou às pandemias como a Aids. Como participar simultaneamente da comunicação entre todas estas partes da humanidade sem chegar a uma homogeneização, ou seja, à destruição e nivelamento das culturas? Aqui reside o problema.

Houve dois fenômenos de mundialização: o primeiro, por meio da dominação e do colonialismo e ainda hoje pela exploração econômica; o segundo se inicia ao mesmo tempo que aquele, principalmente com Bartolomeu de las Casas. Este monge espanhol teve a coragem de dizer por ocasião da Controvérsia de Valladolid que os indígenas são seres humanos que possuem uma alma. Muitos padres pensavam que eles não eram seres humanos. Montaigne e o humanismo europeu, baseados na ideia de que todos os seres humanos têm o mesmo valor, qualquer que seja sua raça, defenderam também essa ideia da igualdade, que se estendeu pelo século XIX com a ideia dos Estados Unidos da Europa e dos Estados Unidos do mundo promovida por Victor Hugo. Hoje em dia a ideia de uma cidadania terrestre se manifesta por meio de várias organizações e associações como Médicos sem Fronteiras, Greenpeace, Survival International, que defendem pequenos povos hoje ameaçados de extermínio. Associações como Anistia Internacional e Aliança Solidária desempenham, igualmente, um grande papel. Há, portanto, a constituição de uma cidadania terrestre que não deve ser confundida com mundialização tecnoeconômica. Esta cidadania é a resposta mundial à mundialização. A pátria terrestre não deve negar ou recalcar as pátrias que a compõem mas, ao contrário disso, integrá-las.

É muito difícil compreender nossa época porque há sempre um atraso da consciência no que diz respeito ao acontecimento vivido. O filósofo espanhol Ortega y Gasset dizia que não sabemos o que se passa, e é exatamente isto que se passa. Não se compreende nada. Vivemos sem compreender o que vivemos. Hegel costumava dizer que a coruja de Minerva voava ao crepúsculo. A sabedoria, a razão são como a coruja de Minerva, costuma ser demasiado tarde quando a consciência nos chega. Como hoje todos os processos se aceleraram, o pássaro de Minerva deveria ter uma velocidade supersônica para saber o que se passa. Há uma imbricação total dos fatores demográficos, econômicos, morais, mas se não podemos compreender o mundo, tentemos, pelo menos, não ter dele uma visão mutilada, abstrata, para não compreendê-lo como constituído unicamente por um instrumental técnico ou econômico, pois o problema reside em nos confrontarmos com nosso destino planetário.

7. A antropoética

Enfim, o sétimo buraco negro refere-se à antropoética, ou seja, à ética em escala humana. Certamente haverá outros, mas estes parecem-me essenciais. Somos seres humanos e também indivíduos; somos uma pequena parte da sociedade e também o fragmento de uma espécie. No seio de nossa espécie individual. A sociedade se apresenta com sua cultura, suas normas e leis na nossa própria espécie individual. A espécie encontra-se igualmente presente. Para que sua reprodução prossiga tem-se necessidade de dois indivíduos de sexo diferente. É evidente que a espécie não poderia existir sem indivíduos que se juntassem, do mesmo modo que a sociedade não existiria sem as interações entre eles. Existe, portanto, uma espécie de trindade inseparável. A ética antropológica exige que desenvolvamos simultaneamente nossas autonomias pessoais, nosso ser individual, nossa responsabilidade e nossa participação no gênero humano. Trata-se de três imperativos. Como tudo que é complexo, são antagônicos e, ao mesmo tempo, complementares uns aos outros.

Tomemos os dois pontos indivíduo/sociedade e indivíduo/espécie. Para o primeiro, a ética nos conduz à ideia de democracia, ou seja, ao sistema no qual os controlados controlam seus controladores. Isso implica que, pelas eleições, os próprios cidadãos possam mudar seus controladores. A plenitude do cidadão supõe que ele seja uma pessoa responsável e solidária que possua direitos solidários. Se ele os despreza a democracia se enfraquece e se empobrece. Uma democracia que seja apenas formal não é viva. Nos dias atuais, as democracias não se encontram asseguradas no mundo, havendo mesmo grandes regressões que podem ser atribuídas ao reinado dos *experts*, à despossessão dos cidadãos dos problemas que se tornaram cada vez mais técnicos, e até mesmo à regeneração democrática, tema esse que, por si só, exigiria uma outra conferência.

O segundo ponto diz respeito à ética do gênero humano, ou seja, à perspectiva de civilizar a Terra. Trata-se de movimentos que têm por objetivo a cidadania terrestre. Ao pensar sobre isso, identifico uma causa gigantesca, mesmo que muitos dentre nós considerem que não há mais grandes causas como no passado. Na verdade, há poucas pessoas capazes de desencadeá-la e tomar consciência dela.

Se, em algum lugar, se tivesse a audácia e a coragem de começar a fazer uma reforma do ensino, fundada nesses núcleos de conhecimentos, talvez algumas esperanças pudessem existir. Creio que esta reforma requer um pensamento que religue, um pensamento complexo, pois não se pode reformar o sistema de educação sem, previamente, ter reformado os espíritos, e vice-versa. "Quem educará os educadores?", a grande pergunta feita por Marx em *A ideologia alemã*, ainda se encontra sem resposta. Seria necessário que eles se educassem a si próprios, embora não tenham muita vontade de fazê-lo. Seria necessário, também, que identificassem as necessidades existentes na sociedade. Esperemos que as circunstâncias façam amadurecer estes problemas e que, talvez, assistamos a uma possibilidade de regeneração.

LEIA TAMBÉM

▶ **OS SETE SABERES NECESSÁRIOS À EDUCAÇÃO DO FUTURO**

coedição Unesco

Edgar Morin

2ª edição revisada (2011)

104 páginas

ISBN 978-85-249-1754-7

Os Sete Saberes indispensáveis, enunciados por Morin, constituem caminhos que se abrem a todos os que pensam e fazem educação e que estão preocupados com o futuro das novas gerações. A presente edição deixa claro que ainda serão necessárias muitas ações para garantir um futuro sustentável e uma educação democrática, na qual as pulsões da regeneração prevaleçam.

LEIA TAMBÉM

▶ EDUCAR NA ERA PLANETÁRIA

o pensamento complexo como *método* de aprendizagem pelo erro e incerteza humana

coedição Unesco

Edgar Morin
Emilio-Roger Ciurana
Raúl Domingo Motta

3ª edição (2009)
112 páginas
ISBN 978-85-249-0937-5

Nesta obra são desenvolvidos três eixos temáticos: 1. o método visto como caminho que se inventa e nos inventa; 2. a necessidade de esclarecer o uso da palavra complexidade e relacionar o conceito de complexidade com a ideia de pensamento complexo e 3. o destino da era planetária.

LEIA TAMBÉM

▶ **EDGAR MORIN EM FOCO**

Afredo Pena-Vega
Nicole Lapierre (Orgs.)

1ª edição (2008)

256 páginas

ISBN 978-85-249-1455-3

    Os ensaios deste livro focalizam o pensamento de Edgar Morin. Em doze textos, os autores deixam claro que a complexidade constitui um desafio e não uma solução pronta e acabada para os destinos do mundo. Edgar Morin sempre reitera que suas ideias não devem constituir um credo, mas uma busca constante dos fundamentos perdidos do homem e do cosmo, uma política do homem contra o mal-estar da cultura contemporânea.